바로바로 베트남어 독학 첫걸음

Phần 1 자연스러운 만남의 표현

Phần 2 세련된 교제를 위한 표현

Phần 3 유창한 대화를 위한 표현

Phần 4 거리낌 없는 감정 표현

Phần 5 일상생활의 화제 표현

Phần 6 여행과 출장에 관한 표현

Vietnamese Conversation for Beginners

Cách thể hiện thông thường

여행을 할 때 그 나라 말을 조금이라도 익히고 가면 거기에서의 여행은 더욱 소중한 추억을 제공할 것입니다. 그 나라의 인사말 정도만 알아도 상대는 미소를 띠며 기꺼이 대화에 응해줄 것입니다. 우선 여행을 가기 전에 본서에 있는 짧고 간단한 표현은 반드시 암기해 두십시오. 그리고 외국에 가서 용기를 내어 외국인에게 직접 말을 걸어 보십시오. 분명히 여행은 한층 더 즐거워질 것입니다.

★ 안녕하세요.
Xin chào.
신 짜오

★ 안녕하세요.
Xin chào anh(chị).
신 짜오 아잉(찌)

★ 안녕하세요.
Chào anh(chị).
짜오 아잉(찌)

★ 안녕히 가(계)세요.
Chào tạm biệt.
짜오 땀 비엣

★ 안녕히 주무세요.
Chúc ngủ ngon.
쭉 응우 응온

★ 내일 봅시다.
Hẹn gặp lại bạn ngày mai.
헨 갑 라이 반 응아이 마이

★ 감사합니다.
Cảm ơn.
깜 언

★ 예. / 아니오.
Vâng. / Không.
벙 / 콩

기본 회화 표현

★ 미안합니다.
Xin lỗi.
신 로이

★ 천만에요.
Không có gì.
콩 꼬 지

★ 실례 많았습니다.
Xin lỗi đã làm phiền.
신 로이 다 람 피엔

★ 괜찮습니까?
Không sao chứ?
콩 싸오 쯔

★ 괜찮습니다.
Không sao. / Không vấn đề gì cả.
콩 싸오 / 콩 번 데 지 까

★ 베트남어는 모릅니다.
Tôi không biết tiếng Việt.
또이 콩 비엣 띠엥 비엣

★ ~은 어디입니까?
~ ở đâu?
~ 어 더우?

★ 이걸 주세요.
Cho tôi cái này.
쪼 또이 까이 나이

★ 얼마입니까?
Bao nhiêu tiền?
바오 니에우 띠엔

★ 이제 가야겠습니다.
Bây giờ tôi phải về.
버이 져 또이 파이 베

★ 즐거웠습니다.
Thật vui.
텃 부이

★ 다시 언제 만나자.
Hẹn lại gặp nhau sau.
헨 라이 갑 녀우 사우

★ 날씨가 좋네요.
Thời tiết tốt.
터이 띠엣 똣

★ 어디에 가십니까?
Đi đâu ạ?
디 더우 아?

★ 무슨 좋은 일이라도 있어요?
Có việc gì tốt không?
꼬 비엑 지 똣 콩

★ 기분은 어떠세요?
Tâm trạng thế nào?
떰 짱 테 나오

★ 다시 뵙게 되어 반갑습니다.
Rất vui được gặp lại.
젓 부이 드억 갑 라이

★ 뵙고 싶었습니다.
Tôi muốn gặp anh(chị).
또이 무온 갑 아잉

★ 어떻게 지냈니?
Anh(Chị) sông như thế nào?
아잉(찌) 송 느 테 나오

★ 요즘 어떻게 지내십니까?
Dạo này anh(chị) sống như thế nào?
쟈오 나이 아잉(찌) 송 느 테 나오

★ 여행은 어땠어요?
Chuyến du lịch thế nào?
쭈엔 쥬 릭 테 나오

★ 뵙게 되어 매우 기쁩니다.
Tôi rất vui được gặp anh(chị).
또이 젓 부이 드억 갑 아잉(찌)

★ 잠깐 제 소개를 하겠습니다.
Một chút, tôi sẽ tự giới thiệu.
못 쭛 또이 쎄 뜨 져이 티에우

기본 회화 표현

★ 이곳 생활은 어떻습니까?
Cuộc sống ở đây thế nào?
꾸옥 송 어 더이 테 나오

★ 관광으로 왔습니다.
Tôi đến đây để du lịch.
또이 뗀 데이 데 쥬 릭

★ 예약하고 싶습니다.
Tôi muốn đặt.
또이 무온 닷

★ 체크인을 하고 싶습니다.
Tôi muốn check-in.
또이 무온 쩨끄인

★ 체크아웃을 하고 싶습니다.
Tôi muốn trả phòng.
또이 무온 짜 퐁

★ 계산해 주세요!
Thanh toán cho tôi nhé!
타잉 또안 쪼 또이 녜

★ 뭐 먹고 싶어요?
Anh [Chị] muốn ăn gì ạ?
아인 [찌] 무온 안 지 아

★ 얼마나 기다려야 하나요?
Tôi cần chờ bao lâu ạ?
또이 껀 쩌 바오 러우 아

★ 메뉴판 좀 갖다 주세요.
Cho tôi menu.
쪼 또이 메뉴

★ 잠시 후에 주문해도 될까요?
Tí nữa tôi gọi được không?
띠 느어 또이 고이 드억 콤

★ 이건 얼마인가요?
Cái này là bao nhiêu tiền ạ?
까이 나이 라 바오 니에우 띠엔 아

★ 사이즈가 안 맞아요.
Cỡ này không vừa với tôi.
꺼 나이 콤 브어 버이 또이

5

무조건 따라하면 통하는
바로바로 베트남어 독학 첫걸음

저 자 FL4U컨텐츠
발행인 고본화
발 행 탑메이드북
교재공급처 반석출판사
2025년 7월 20일 개정 1쇄 인쇄
2025년 7월 25일 개정 1쇄 발행
반석출판사 | www.bansok.co.kr
이메일 | bansok@bansok.co.kr
블로그 | blog.naver.com/bansokbooks

07547 서울시 강서구 양천로 583. B동 1007호
(서울시 강서구 염창동 240-21번지 우림블루나인 비즈니스센터 B동 1007호)
대표전화 02) 2093-3399 팩 스 02) 2093-3393
출 판 부 02) 2093-3395 영업부 02) 2093-3396
등록번호 제 315-2008-000033호

Copyright ⓒ FL4U컨텐츠

ISBN 978-89-7172-118-6 (13790)

■ 본 책은 반석출판사에서 제작, 배포하고 있습니다.
■ 교재 관련 문의: bansok@bansok.co.kr을 이용해 주시기 바랍니다.
■ 이 책에 게재된 내용의 일부 또는 전체를 무단으로 복제 및 발췌하는 것을 금합니다.
■ 파본 및 잘못된 제품은 구입처에서 교환해 드립니다.

탑메이드북

베트남의 대표 관광 지도

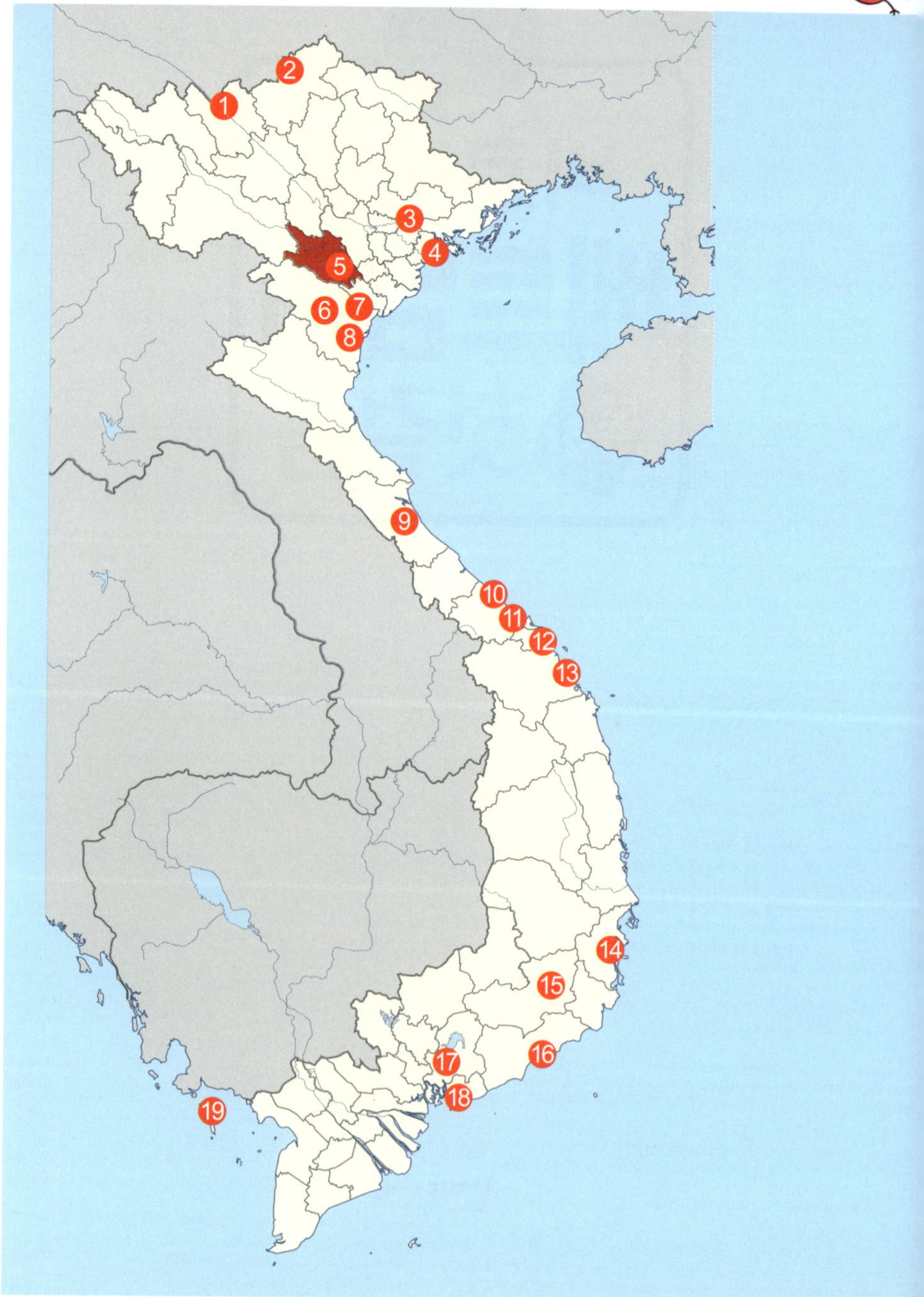

Vietnamese Conversation for Beginners

① 사파(판시판 산)

② 하장

③ 옌뜨 국립공원

④ 하롱베이

⑤ 하노이(호안끼엠 호수, 탕롱황성, 하노이 레닌 공원, 베트남 군사 역사 박물관, 일주사, 호치민 묘, 호치민 박물관, 성 요셉 성당)

⑥ 꾹프엉 국립공원

⑦ 짱안 경관

⑧ 타인호아(레러이 기념비, 레 왕조 사원, 삼손 해변)

⑨ 퐁냐깨방 국립공원

⑩ 후에(티엔무 사원, 후에성, 카이딘 황릉)

⑪ 하이반 고개

⑫ 다낭(미케비치, 바나힐, 용다리, 오행산)

⑬ 호이안(호이안 역사 문화 박물관, 내원교, 무역도자기 박물관, 목공예마을, 등불 축제)

⑭ 냐짱(빈펄랜드, 머드온천, 냐짱 센터, 냐짱 대성당)

⑮ 달랏(라비앙 산, 퐁고르 폭포)

⑯ 무이네(사막, 요정의 샘)

⑰ 호치민(노트르담 성당, 통일궁, 호치민 동상, 베트남 전쟁 박물관, 담샌공원, 사이공 동물원)

⑱ 붕따우(바이두억 해변, 바이사오 해변, 예수상)

⑲ 푸꾸옥 섬(사오비치, 포로 수용소, 빈펄사파리, 케이블카)

Preface 머리말

Vietnamese Conversation for Beginners

　지난 2007년 베트남과 FTA가 발효되면서 건설, 제조, 전자, 에너지 분야 등에서 국내 기업의 베트남 투자가 날로 확대되고 있습니다. 특히 최근에는 국내 기업들이 베트남을 생산 거점으로 삼으면서 중국, 태국, 말레이시아 등에 흩어져 있던 공장들을 속속 베트남으로 옮기고 있습니다. 베트남은 국내 관광객들에게도 매력적인 관광 휴양지로 손꼽히는 곳이기도 합니다.

이러한 흐름에 발맞추어, 이 책은 어떤 장면이나 상황에서도 베트남어 회화를 정확하고 다양하게 구사할 수 있게 꾸며졌습니다. 총 6개의 파트로 구성되어 일상생활이나 여행 또는 비즈니스 등 다방면에 걸쳐 두루 활용할 수 있으며, 특히 초급자들이 자신이 하고 싶은 베트남어를 바로바로 말할 수 있도록 하기 위해 베트남어 발음을 한글로 표기하여 쉽게 접근할 수 있게 했습니다.

이 책에 실린 문장들은 현지 베트남 사람들이 많이 사용하는 표현들을 엄선하였고, 꼭 필요한 한 마디 한 마디를 정성껏 간추렸습니다. 또한 초급자들의 이해를 돕기 위해 필요한 경우 베트남어 단어들을 정리했고, 기존 베트남어 회화교재와는 달리 활자의 크기를 조절하여 모든 다양한 연령층이 쉽게 볼 수 있도록 구성했습니다. 이 책의 특징은 다음과 같습니다.

★ 베트남어 초보자도 쉽게 접근할 수 있는 기본적인 회화표현 제공
★ 장면별, 상황별 회화를 바로바로 활용할 수 있는 사전식 구성
★ 베트남어 초보자를 위해 한글로 베트남어 발음 표기
★ 이 책 한 권으로 베트남 초급회화에서 중급회화까지 마스터

마지막으로 이 책을 접하신 모든 분들에게 유익한 교재가 되기를 진심으로 바랍니다.

FL4U컨텐츠 드림

Contents 목차

Vietnamese Conversation for Beginners

본문 일러두기 ✱ 16
회화를 위한 발음과 어법 ✱ 18
여행 기초 필수 베트남 단어 ✱ 23

Phần 01 자연스러운 만남의 표현

Chương 01 일상적인 만남의 인사 ✱ 50
- Bài 01 일상적인 인사를 할 때 ✱ 50
- Bài 02 우연히 만났을 때 ✱ 51
- Bài 03 안녕을 물을 때 ✱ 52
- Bài 04 오랜만에 만났을 때 ✱ 53
- Bài 05 안부를 묻고 답할 때 ✱ 55

Chương 02 소개할 때의 인사 ✱ 57
- Bài 01 처음 만났을 때 ✱ 57
- Bài 02 자신을 소개할 때 ✱ 58
- Bài 03 소개시킬 때 ✱ 59
- Bài 04 그 밖의 소개에 관한 표현 ✱ 61

Chương 03 헤어질 때의 인사 ✱ 62
- Bài 01 밤에 헤어질 때 ✱ 62
- Bài 02 기본적인 작별 인사 ✱ 63
- Bài 03 방문을 마칠 때 ✱ 65
- Bài 04 주인의 작별 인사 ✱ 68
- Bài 05 안부를 전할 때 ✱ 69
- Bài 06 배웅할 때 ✱ 70

Phần 02 세련된 교제를 위한 표현

Chương 01 고마움을 나타낼 때 ✱ 72
- Bài 01 기본적인 감사의 표현 ✱ 72
- Bài 02 고마움을 나타낼 때 ✱ 73
- Bài 03 배려에 대한 고마움을 나타낼 때 ✱ 75
- Bài 04 감사의 선물을 줄 때 ✱ 76
- Bài 05 감사의 선물을 받을 때 ✱ 77
- Bài 06 감사 표시에 응답할 때 ✱ 78

Chương 02 사과·사죄를 할 때 ✱ 81
- Bài 01 사과·사죄를 나타낼 때 ✱ 81
- Bài 02 행위에 대한 사과·사죄를 할 때 ✱ 82
- Bài 03 실수를 범했을 때 ✱ 83
- Bài 04 용서를 구할 때 ✱ 85
- Bài 05 사과·사죄에 대한 응답 ✱ 86

Chương 03 축하와 환영을 할 때 ✱ 88
- Bài 01 축하할 때 ✱ 88
- Bài 02 축복을 기원할 때 ✱ 90
- Bài 03 환영할 때 ✱ 92

Chương 04 초대를 할 때 ✱ 94
- Bài 01 초대할 때 ✱ 94
- Bài 02 초대에 응할 때 ✱ 95
- Bài 03 초대에 응할 수 없을 때 ✱ 96

Chương 05 방문을 할 때 ✱ 98
- Bài 01 손님을 맞이할 때 ✱ 98
- Bài 02 음료와 식사를 대접할 때 ✱ 99
- Bài 03 방문을 마칠 때 ✱ 100

Chương 06 약속을 할 때 ✱ 102

Contents 목차

Bài 01   약속을 청할 때 ✱ 102
Bài 02   스케줄을 확인할 때 ✱ 103
Bài 03   약속 제안에 응답할 때 ✱ 104
Bài 04   약속시간과 장소를 정할 때 ✱ 105
Bài 05   약속을 변경하거나 취소할 때 ✱ 106

Chương 07   식사를 제의할 때 ✱ 107
Bài 01   식사를 제의할 때 ✱ 107
Bài 02   자신이 계산하려고 할 때 ✱ 108

Phần 03   유창한 대화를 위한 표현

Chương 01   질문을 할 때 ✱ 112
Bài 01   질문을 할 때 ✱ 112
Bài 02   질문에 답변할 때 ✱ 114

Chương 02   응답을 할 때 ✱ 116
Bài 01   긍정의 마음을 전할 때 ✱ 116
Bài 02   부정의 마음을 전할 때 ✱ 118
Bài 03   불확실·의심의 마음을 전할 때 ✱ 120

Chương 03   맞장구를 칠 때 ✱ 122
Bài 01   확실하게 맞장구를 칠 때 ✱ 122
Bài 02   애매하게 맞장구를 칠 때 ✱ 124
Bài 03   긍정의 맞장구 ✱ 125
Bài 04   부정의 맞장구 ✱ 126
Bài 05   잠시 생각할 때 ✱ 127

Chương 04   되물음과 이해를 나타낼 때 ✱ 128

Bài 01   되물을 때 ✱ 128
Bài 02   잘 알아듣지 못했을 때 ✱ 129
Bài 03   이해 여부를 재확인할 때 ✱ 131
Bài 04   이해를 했을 때 ✱ 132
Bài 05   이해를 못했을 때 ✱ 133

Chương 05   제안과 권유를 할 때 ✱ 135
Bài 01   무언가를 제안할 때 ✱ 135
Bài 02   권유할 때 ✱ 137
Bài 03   제안·권유에 응할 때 ✱ 138
Bài 04   제안·권유에 거절할 때 ✱ 140

Chương 06   부탁을 할 때 ✱ 141
Bài 01   부탁을 할 때 ✱ 141
Bài 02   구체적으로 부탁할 때 ✱ 142
Bài 03   부탁을 들어줄 때 ✱ 145
Bài 04   부탁을 거절할 때 ✱ 146
Bài 05   우회적으로 거절할 때 ✱ 147

Chương 07   대화를 시도할 때 ✱ 148
Bài 01   말을 걸 때 ✱ 148
Bài 02   대화 도중에 말을 걸 때 ✱ 149
Bài 03   용건을 물을 때 ✱ 150
Bài 04   모르는 사람에게 말을 걸 때 ✱ 151

Chương 08   대화의 연결과 진행 ✱ 153
Bài 01   말을 재촉할 때 ✱ 153
Bài 02   간단히 말할 때 ✱ 154
Bài 03   화제를 바꿀 때 ✱ 155
Bài 04   말이 막힐 때 ✱ 156
Bài 05   말을 꺼내거나 잠시 주저할 때 ✱

Vietnamese Conversation for Beginners

    157
  Bài 06 적당한 말이 생각나지 않을 때 ✽ 157
  Bài 07 말하면서 생각할 때 ✽ 158

Chương 09 주의와 충고를 할 때 ✽ 160
  Bài 01 주의를 줄 때 ✽ 160
  Bài 02 충고할 때 ✽ 163
  Bài 03 조언을 할 때 ✽ 165

Phần 04 거리낌 없는 감정 표현

Chương 01 (감정 등을) 나타낼 때 ✽ 168
  Bài 01 기쁠 때 ✽ 168
  Bài 02 즐거울 때 ✽ 170
  Bài 03 기쁜 소식을 들었을 때 ✽ 171
  Bài 04 기쁠 때 외치는 소리 ✽ 171
  Bài 05 자신이 화가 날 때 ✽ 172
  Bài 06 상대방이 화가 났을 때 ✽ 174
  Bài 07 화가 난 상대를 진정시킬 때 ✽ 174
  Bài 08 슬플 때 ✽ 175
  Bài 09 우울할 때 ✽ 177
  Bài 10 슬픔과 우울함을 위로할 때 ✽ 178

Chương 02 놀라움과 무서움을 나타낼 때 ✽ 179
  Bài 01 자신이 놀랐을 때 ✽ 179
  Bài 02 상대방이 놀랐을 때 ✽ 182
  Bài 03 믿겨지지 않을 때 ✽ 183
  Bài 04 무서울 때 ✽ 184
  Bài 05 진정시킬 때 ✽ 185

Chương 03 근심과 격려를 나타낼 때 ✽ 186
  Bài 01 걱정을 물을 때 ✽ 186
  Bài 02 위로할 때 ✽ 188
  Bài 03 격려할 때 ✽ 190

Chương 04 불만과 불평을 할 때 ✽ 192
  Bài 01 귀찮을 때 ✽ 192
  Bài 02 불평을 할 때 ✽ 193
  Bài 03 불만을 나타낼 때 ✽ 194
  Bài 04 지겹고 지루할 때 ✽ 194
  Bài 05 짜증날 때 ✽ 196

Chương 05 감탄과 칭찬을 할 때 ✽ 197
  Bài 01 감탄의 기분을 나타낼 때 ✽ 197
  Bài 02 능력과 성과를 칭찬할 때 ✽ 198
  Bài 03 외모를 칭찬할 때 ✽ 199
  Bài 04 재주와 실력을 칭찬할 때 ✽ 201
  Bài 05 그 밖의 여러 가지를 칭찬할 때 ✽ 203
  Bài 06 친절과 성격에 대해 칭찬할 때 ✽ 203
  Bài 07 칭찬에 대한 응답 ✽ 204

Chương 06 비난과 책망을 할 때 ✽ 205
  Bài 01 비난할 때 ✽ 205
  Bài 02 말싸움을 할 때 ✽ 207
  Bài 03 변명을 할 때 ✽ 209
  Bài 04 꾸짖을 때 ✽ 210
  Bài 05 화해할 때 ✽ 211

Contents 목차

Phần 05 일상생활의 화제 표현

Chương 01 가족에 대해서 ✽ 214
- Bài 01 가족에 대해 말할 때 ✽ 214
- Bài 02 형제자매와 친척에 대해 말할 때 ✽ 216
- Bài 03 자녀에 대해 말할 때 ✽ 217

Chương 02 직장에 대해서 ✽ 219
- Bài 01 직장에 대해 말할 때 ✽ 219
- Bài 02 근무에 대해 말할 때 ✽ 220
- Bài 03 급여에 대해 말할 때 ✽ 221
- Bài 04 승진에 대해 말할 때 ✽ 222
- Bài 05 출퇴근에 대해 말할 때 ✽ 223
- Bài 06 휴가에 대해 말할 때 ✽ 224
- Bài 07 상사에 대해 말할 때 ✽ 225
- Bài 08 사직·퇴직에 대해 말할 때 ✽ 226

Chương 03 학교에 대해서 ✽ 228
- Bài 01 출신학교에 대해 말할 때 ✽ 228
- Bài 02 학년에 대해 말할 때 ✽ 229
- Bài 03 전공에 대해 말할 때 ✽ 230
- Bài 04 학교생활에 대해 말할 때 ✽ 230
- Bài 05 시험과 성적에 대해 말할 때 ✽ 232

Chương 04 연애와 결혼에 대해서 ✽ 234
- Bài 01 연애 타입에 대해 말할 때 ✽ 234
- Bài 02 데이트에 대해 말할 때 ✽ 235
- Bài 03 청혼과 약혼에 대해 말할 때 ✽ 236
- Bài 04 결혼에 대해 말할 때 ✽ 237
- Bài 05 별거와 이혼에 대해 말할 때 ✽ 238

Chương 05 여가. 취미. 오락에 대해서 ✽ 240
- Bài 01 취미에 대해 물을 때 ✽ 240
- Bài 02 취미에 대해 대답할 때 ✽ 241
- Bài 03 오락에 대해 말할 때 ✽ 242
- Bài 04 유흥을 즐길 때 ✽ 244
- Bài 05 여행에 대해 말할 때 ✽ 245

Phần 06 여행과 출장에 관한 표현

Chương 01 출국 비행기 안에서 ✽ 248
- Bài 01 좌석을 찾을 때 ✽ 248
- Bài 02 기내 서비스를 받을 때 ✽ 249
- Bài 03 기내 식사를 할 때 ✽ 250
- Bài 04 입국카드를 작성할 때 ✽ 251
- Bài 05 기내 면세품을 구입할 때 ✽ 251
- Bài 06 몸이 불편할 때 ✽ 252
- Bài 07 통과·환승할 때 ✽ 252

Chương 02 공항에 도착해서 ✽ 254
- Bài 01 입국수속을 밟을 때 ✽ 254
- Bài 02 짐을 찾을 때 ✽ 255
- Bài 03 세관을 통과할 때 ✽ 257
- Bài 04 공항의 관광안내소에서 ✽ 258
- Bài 05 포터(짐꾼)를 이용할 때 ✽ 259

Chương 03 호텔을 이용할 때 ✽ 260
- Bài 01 호텔을 예약할 때 ✽ 260
- Bài 02 체크인할 때 ✽ 263
- Bài 03 방을 확인할 때 ✽ 264
- Bài 04 체크인 트러블 ✽ 266

Vietnamese Conversation for Beginners

Bài 05 룸서비스 ✱ 266
Bài 06 외출과 호텔 시설을 이용할 때 ✱ 268
Bài 07 호텔 이용에 관한 트러블 ✱ 270
Bài 08 체크아웃을 준비할 때 ✱ 272
Bài 09 체크아웃할 때 ✱ 273
Bài 10 계산을 할 때 ✱ 274

Bài 08 사진 촬영을 부탁할 때 ✱ 301
Bài 09 사진에 대해 말할 때 ✱ 302

Chương 04 식당을 이용할 때 ✱ 276
Bài 01 식당을 찾을 때 ✱ 276
Bài 02 식당을 예약할 때 ✱ 277
Bài 03 식당에 들어설 때 ✱ 278
Bài 04 음식을 주문 받을 때 ✱ 279
Bài 05 음식을 주문할 때 ✱ 280
Bài 06 먹는 법과 재료를 물을 때 ✱ 282
Bài 07 필요한 것을 부탁할 때 ✱ 283
Bài 08 주문에 문제가 있을 때 ✱ 284
Bài 09 음식에 문제가 있을 때 ✱ 284
Bài 10 주문을 바꾸거나 취소할 때 ✱ 286
Bài 11 음식의 맛을 평가할 때 ✱ 286
Bài 12 디저트를 주문할 때 ✱ 287
Bài 13 식비를 계산할 때 ✱ 288
Bài 14 패스트푸드점에서 ✱ 289

Chương 05 관광을 할 때 ✱ 291
Bài 01 관광 안내소에서 ✱ 291
Bài 02 투어를 이용할 때 ✱ 293
Bài 03 관광버스 안에서 ✱ 295
Bài 04 입장권을를 구입할 때 ✱ 296
Bài 05 관광지에서 ✱ 297
Bài 06 관람을 할 때 ✱ 299
Bài 07 사진 촬영을 허락 받을 때 ✱ 300

본문 일러두기

① 베트남어는 인칭 표현이 매우 다양하지만, 이 책은 기초 상황별 일상회화 책이기 때문에, 주로 2인칭 존칭인 '당신' – anh(손윗 남자) / chị(손윗 여자), 1인칭 단수인 '나' – tôi(대등한 관계) / em(나의 나이 혹은 위치 등이 더 낮은 경우)를 사용했습니다.

② 베트남어는 호칭이 무척 다양하며 상대방과 자신과의 관계에 의해서도 호칭이 바뀝니다. 기본 문장은 존댓말인 당신(anh / chị)을 사용했지만, 상황에 따라 인칭을 바꿔 쓸 수 있습니다.

나	인칭대명사
tôi(일반적으로 나를 칭할 때)	bạn(친구), anh(남자), chị(여자) …
em	anh(오빠,형-손윗남자), chị(언니,누나-손윗여자)
anh(오빠,형), chị(언니,누나)	em(동생, 손아랫사람)
cháu(조카, 손아랫사람)	ông(할아버지, 노인) chú(아저씨, 아버지보다 살짝 어린 손윗남자) bác(아버지보다 살짝 나이 많은 손윗남자)
con(자식)	bố(아버지), mẹ(어머니)

③ 베트남어의 존대어는 문미에 ~ạ를 붙여 표현할 수 있습니다. 대화 상황과 화자 간의 관계를 고려하여 문미에 ~ạ를 붙이거나 떼면서 문장을 구성하면 됩니다. 또한 이 책에서는 가능한 실제 회화에서 많이 쓰이는 표현을 중심으로 문장을 구성하였습니다.

④ 베트남어의 발음은 크게 북부, 중부, 남부 발음으로 나뉘며 발음뿐만 아니라 단어와 표현이 지역에 따라 달라집니다. 이 책에서는 베트남의 표준 발음인 북부 하노이 발음을 기준으로 했고, 한글 독음 역시 북부 발음에 가깝게 표기했습니다. 정확한 발음을 위해 독음 표기와 함께 녹음된 원어민의 실제 발음을 듣고 학습하시기 바랍니다.

5 베트남어는 단음절어로 하나의 음절이 하나의 뜻을 지닙니다. 이 책에서는 음절 단위로 분절하여 한글 독음을 달았습니다.(Em chào anh [chị] → 엠 짜오 아인 [찌])

회화를 위한 발음과 어법

❶ 베트남어의 자모와 발음 chữ quốc ngữ [쯔 꾸옥 응으]

A a	[ɑ 아]
Ă ă	[a 아]
Â â	[ə 어]
B b	[ɓ / ʔb 베]
C c	[k 쎄]
D d	[z 제]
Đ đ	[ɗ / ʔd 데]
E e	[ɛ 애]
Ê ê	[e 에]
G g	[ʒ / ɣ 게]
H h	[h 핫]
I i	[i 이(응안)]
K k	[k 까]
L l	[l 에—러]
M m	[m 엠—머]
N n	[n 엔—너]
O o	[ɔ 오]
Ô ô	[o 오]
Ơ ơ	[ɣ 어]
P p	[p 뻬]
Q q	[k 꾸이]
R r	[z 에—러]
S s	[ş 엣—씨]
T t	[t 떼]
U u	[u 우]

18

U ư	[ɯ 으]
V v	[v / j 베]
X x	[ş~ɕ 익씨]
Y y	[i: 이(자이)]

* 베트남어는 라틴문자를 사용하지만 영어와 달리 Ă, Â, Đ, Ê, Ô, Ơ, Ư 가 추가되어 있고 영어 알파벳 F, J, W, Z를 사용하지 않습니다.

❷ 실제 발음

베트남어의 발음은 그리 어렵지 않으며, 우리나라 말처럼 자음과 모음 각각의 발음을 익히고 이를 결합하여 발음합니다. 하지만 성조가 6개가 있으므로 발음 시 성조에 주의하여야 합니다.

A a	[ɑ 아] ■ nam [남] 남쪽
Ă ă	[a 짧은 아] ■ ăn [안] 먹다
Â â	[ə 짧은 어] ■ cần [껀] 필요히다
B b	[ɓ / ʔb 버] ■ ba [바] 3(숫자), bé [배] 작은
C, c	[k 꺼] *c + (a, ă, â, o, ô, ơ, u, ư) ■ ca [까] 노래하다, có [꼬] 있다
Ch, ch	[t͡ɕ 쩌] ■ Chị [찌] 언니 / 누나, 손윗여자
D d	[z 저] ■ dạ [자] 예(정중한 대답), dễ [제] 쉬운
Đ đ	[ɗ / ʔd 더] ■ đã [다] 이미 ~ 했다(과거형), đang [당] ~ 중 이다(진행형)
E e	[ɛ 애] ■ em [앰] 손아랫사람, 동생, hẹn [핸] 약속하다
Ê ê	[e 에] ■ êm [엠] 부드러운, 고요한, lên [렌] 오르다, ~위에
G g	[ʒ / ɣ 거] *g + (a, ă, â, o, ô, ơ, u, ư) ■ gái [가이] 여성의 총칭(특히 소녀), gửi [그이] 보내다
Gh gh	[g 거] *gh + (e, ê, I) ■ ghé [게] 잠시 들르다, ghen [겐] 시샘하는, 시기하는

Gi gi	[z 저]	■ giá [자] 가격, giỏi [조이] 잘하는
H h	[h 허]	■ hạ [하] 내리다, 여름, hai [하이] 2(숫자)
I i	[i 짧은 이]	■ im [임] 조용한, 고요한, mì [미] 국수, 밀
K k	[k 꺼] *k + (e, ê, i, y)	■ kể [께] 일일이 세다, 말하다, ký [끼] 서명하다, 보내다
Kh kh	[kx~x 커]	■ khá [카] 제법, 상당히, khen [켄] 칭찬하다
L l	[l 러]	■ lòng [롱] 배, 내장, lo [로] 걱정하다, 근심하는
M m	[m 머]	■ mẹ [매] 어머니, mềm [멤] 부드러운
N n	[n 너]	■ năm [남] 년(年), nên (넨) 그러므로, ~하는 것이 좋다, 왜냐하면~
Ng ng	[ŋ 응 / 어-ㅇ] *ng + (a, ă, â, o, ô, ơ, u, ư)	■ ngay [응아이] 즉시, 바로, ông [옹] 노인, 할아버지
Ngh ngh	[ŋ 응어](e, ê, I)	■ nghĩ [응이] 생각하다, nghi [응이] 쉬다
Nh nh	[ɲ 녀]	■ nho [뇨] 포도, anh [아잉] 오빠 / 형, 손윗남자
O o	[ɔ 오]	■ khó [코] 어려운, học [혹] 공부하다
Ô ô	[o 오]	■ ồn [온] 소음, 시끄러운, số [쏘] 수, 번호
Ơ ơ	[ɣ 어]	■ ở [어] ~에, 살다, nhờ
P p	[p 뻐]	■ dịp [집] 기회, 때
Ph ph	[f 퍼]	■ phải [파이] 반드시 ~해야 한다, phở [퍼] 베트남 쌀국수의 한 종류
Qu qu	[kw 꾸어] *q+u	■ qua [꾸아] ~를 가로지르다, 전날에, quý [꾸이] 귀중한
R r	[z 저]	■ ra [자] 나오다, 나가다, rẻ [제] 값이 싼
S s	[ʂ 써]	■ sân [썬] 마당, sẽ [쎄] ~할 것이다(미래형)
T t	[t 떠]	■ tai [따이] 귀, tất [떳] 양말
Th th	[th 터]	■ thân [턴] 친한, thi [티] 시험, 시험보다
Tr tr	[~tʂ 쩌]	■ trả [짜] 돌려주다, trên [쩬] 위, 위의
U u	[u 우]	■ uống [우옹] 마시다, dù [주] 비록 ~일지라도

Ư ư	[ɯ 으]	■ ừ [으] 응(친밀한 사이에서의 대답), như [느] ~와 같이, ~처럼
V v	[v / j 버]	■ và [바] 그리고, vẽ [베] (그림을) 그리다
X x	[ʂ~ɕ 써]	■ xa [싸] (거리가) 먼, xin [씬] 청하다, 요구하다
Y y	[i: 긴 i]	■ y tá [이 따] 간호사, kỹ [끼] 주의깊게, 신중히

❸ 이중 [삼중] 모음

① 베트남어에는 이중 또는 삼중모음이 있습니다. 이중 [삼중] 모음의 발음 원칙은 각각의 모음을 이어 발음하는 것입니다.
- ai –〉 아 + 이 [아이] –〉 bay [바이]

② 그러나 ia, ua, ưa에서는 a [아]가 [어]로 발음됩니다.
- kia [끼어] 저, 저쪽에
- của [꾸어] ~의(소유격)
- bữa [브어] 낮, 주간

❹ 성조

베트남어에는 6개의 성조가 있습니다. 성조는 단어의 핵심 모음 위 혹은 아래에 표시합니다. 철자가 동일한 단어라 하여도 성조가 다르면 의미가 달라지므로 철자뿐만 아니라 성조도 정확히 발음해야 합니다.

표기	이름	발음법
	không dấu	꺾이지 않는 곧은 평상음으로 발음한다
´	dấu sắc	위로 올라가는 상승음으로 발음한다
`	dấu huyền	부드럽게 내린다
?	dấu hỏi	살짝 올라가는 듯 굴절시켜 내린다
~	dấu ngã	꺾이는 상승음, 높은 톤으로 끊어읽듯 발음한다
.	dấu nặng	짧고 낮은 저음이다

Vietnamese Conversation for Beginners

여행 기초
필수 베트남 단어

01. 공항
02. 기내 탑승
03. 기내서비스
04. 입국 목적
05. 거주지
06. 예약
07. 호텔
08. 숙소 종류
09. 룸서비스
10. 탈것
11. 자동차 명칭 / 자전거 명칭
12. 교통표지판
13. 방향
14. 거리풍경
15. 베트남 대표 관광지
16. 볼거리(예술 및 공연)
17. 나라 이름

Unit 01 공항

국내선 **tuyến bay nội địa** 뚜옌 바이 노이 디아 	국제선 **tuyến bay quốc tế** 뚜옌 바이 꾸옥 떼 
탑승창구 **cửa lối lên máy bay** 끄아 로이 렌 마이 바이 	항공사 **công ty hàng không** 꽁띠 항콩 
탑승수속 **thủ tục lên máy bay** 투 뚝 렌 마이 바이 	항공권 **vé máy bay** 베 마이 바이 
여권 **hộ chiếu** 호 찌우 	탑승권 **thẻ lên máy bay** 테 렌 마이 바이 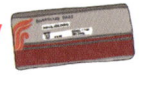
금속탐지기 **máy dò kim loại** 마이 조 낌 로아이 	창가좌석 **ghế gần cửa sổ** 게 건 끄아 소 
통로좌석 **ghế gần lối đi** 게 건 로이 디 	위탁수하물 **hành lý kí gửi** 행 리 끼 그이 
수하물 표 **vé hành lý** 베 항리 	초과 수하물 운임 **phí hành lý quá nhiều** 피 한 리 꽈 니에우 

세관 **thuế quan** 투에 꽌 	신고하다 **đăng ký** 당 끼 
출국신고서 **tờ khai xuất cảnh** 또 카이 쑤엇 깐 	면세점 **cửa hàng miễn thuế** 끄아 항 미엔 투에 
입국심사 **thẩm tra nhập cảnh** 탐 짜 녑 깐 	여행자 휴대품 신고서 **tờ khai vật dụng cầm tay du khách** 또 카이 밧 중 껌 따이 주 각 
비자 **thị thực** 티 특 	세관원 **nhân viên thuế quan** 년 비엔 투에 꽌 

Unit 02 기내 탑승

① 창문 cửa sổ 끄아 소	② 승무원 tiếp viên hàng không 띠엡 비엔 항 콩	③ 머리 위의 짐칸 lên khoang hành lý 렌 쾅 항 리	
④ 에어컨 máy lạnh 마이 란	⑤ 조명 đèn 덴	⑥ 모니터 màn hình máy vi tính 만 힌 마이 비 띤	⑦ 좌석(자리) ghế 게
⑧ 구명조끼 áo phao cứu hộ 아오 파오 끄 호	⑨ 호출버튼 nút gọi 눗 고이	⑩ (기내로 가져온) 짐 hành lý trong máy bay 항리 쫑 마이 바이	⑪ 안전벨트 dây an toàn 저이 안 또안
⑫ 통로 lối đi 로이 디	⑬ 비상구 lối thoát hiểm 로이 토앗 히엠	⑭ 화장실 nhà vệ sinh 냐 베 신	⑮ 이어폰 ống nghe 옹 응에

① 조종실 phòng vận hành 퐁 반 항	② 기장 cơ trưởng 꼬 쯔엉	③ 부기장 kế toán trưởng 께 또안 쯔엉	④ 활주로 đường băng 드엉 방

Unit 03 기내서비스

신문 báo 바오 	면세품 목록 mục lục hàng miễn thuế 묵 룩 항 미엔 투에
잡지 tạp chí 땁 찌 	입국카드 thẻ nhập cảnh 테 녑 까잉 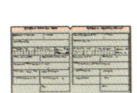

베개 gối 고이		담요 chăn mền 짠 멘	
티슈 giấy ăn 져이 안		음료수 nước ngọt 느억 응옷	
기내식 đồ ăn trên máy bay 도 안 쩬 마이 바이		맥주 bia 비아	
와인 rượu nho 즈우 뇨		물 nước 느억	
커피 cà-phê 카페		차 trà 짜	

Unit 04 입국 목적

비즈니스 kinh doanh 낀 조안		여행 du lịch 주 릭	

관광 sự tham quan 스 떰 꽌		회의 cuộc họp 꾹 홉	
취업 có việc 꼬 비엑		거주 cư trú 끄 쭈	
친척 방문 thăm họ hàng 탐 호항		공부 học 혹	
귀국 về nước 베 느억		휴가 kỳ nghỉ 끼 응이	

Unit 05 거주지

호텔 khách sạn 칵 산		친척집 nhà họ hàng 냐 호항	
친구집 nhà bạn 냐 반			

Unit 06 예약

예약 đặt trước 닷 느억 	체크인 nhập phòng 녑 퐁 	체크아웃 trả phòng 짜 퐁

싱글룸 phòng đơn 퐁 돈 	더블룸 phòng 2 đơn 퐁 하이 돈 
트윈룸 phòng đôi 퐁 도이 	스위트룸 phòng đa chức năng 퐁 다 쯕 낭 
일행 nhóm 놈 	흡연실 phòng hút thuốc 퐁 훗 툭 
금연실 phòng cấm hút thuốc 퐁 껌 훗 툭 	방값 tiền thuê phòng 띠엔 투에 퐁 
예약번호 số đặt vé 소 닷 베 	방카드 thẻ phòng 테 퐁 

Unit 07 호텔

① 프런트 đại sảnh 다이 싼	② 접수계원 tiếp tân 띠엡 떤	③ 도어맨 người canh cửa 응어이 깐 끄아
④ 벨보이 người vận chuyển 응어이 번 쭈엔	⑤ 사우나 phòng tắm hơi 퐁 땀 호이	⑥ 회의실 Phòng họp 퐁 홉
⑦ 레스토랑 nhà hàng 냐 항	⑧ 룸메이드 bạn cùng phòng 반 꿍 퐁	⑨ 회계 kế toán 께 또안

Unit 08 숙소 종류

호텔 **khách sạn** 칵 산		캠핑 **cắm trại** 깜 짜이	
게스트하우스 **nhà khách** 냐 칵		유스호스텔 **nhà nghỉ thanh niên** 냐 응이 타잉 리엔	
민박 **nhà trọ** 냐 쩌		여관 **nhà nghỉ** 냐 응이	
대학 기숙사 **ký túc xá** 기 뚝 싸			

Unit 09 룸서비스

모닝콜 **gọi thức giấc** 고이 특 지약		세탁 **giặt** 쟛	
다림질 **ủi** 우이		드라이클리닝 **giặt khô** 쟛 코	

방 청소 dọn dẹp phòng 존 젭 퐁	
식당 예약 đặt trước nhà hàng 닷 쯔억 냐 항	
안마 mát- xa 맛 싸 	식사 bữa ăn 브아 안 
미니바 bar nhỏ 바 뇨 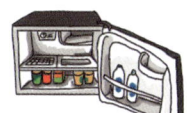	팁 tiền boa 띠엔 보아 

Unit 10 탈것

비행기 máy bay 마이 바이 	헬리콥터 máy bay trực thăng 마이 바이 쯕 탕 
케이블카 cáp treo 깝 쩨오 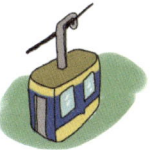	여객선 thuyền chở khách 투옌 쩌 칵 

요트 thuyền buồm nhẹ 투엔 부옴 녜 	잠수함 tàu ngầm 따우 응엄 
자동차 xe ô-tô 쎄 오또 	버스 xe buýt 세 부잇 
기차 xe lửa 쎄 르아 	지하철 tàu điện ngầm 따우 디엔 응엄 
자전거 xe đạp 쎄 답 	트럭 xe tải 쎄 따이 
크레인 cần trục 껀 쭉 	모노레일 đường một ray 드엉 못 레이 
소방차 xe cứu hỏa 쎄 끄 화 	구급차 xe cấp cứu 쎄 껍 끄우 
이층버스 xe buýt hai tầng 세 부잇 하이 떵 	견인차 xe kéo 쎄 께오 
고속버스 xe buýt cao tốc 쎄 부읻 까오 똑 	레미콘 xe bê tông tươi 쎄 베 통 뜨어이 

순찰차
xe tuần tra
쎄 뚜언 짜

오토바이
xe máy
쎄마이

증기선
tàu thủy chạy bằng hơi nước
따우 투위 짜이 방 호이 느억

지게차
xe nâng
쎄 넝

열기구
chiếc khinh khí cầu
찌엑 낀 키 꺼우

스포츠카
xe thể thao
쎄 테 타오

벤
xe tải loại nhỏ
쎄 따이 로아이 뇨

Unit 11 자동차 명칭 / 자전거 명칭

① 엑셀(가속페달) bàn đạp 반 답	② 브레이크 phanh 판	③ 백미러 gương chiếu hậu 그엉 찌에우 허우
④ 핸들 tay lái 따이 라이	⑤ 클랙슨 còi điện 꼬이 디엔	⑥ 번호판 biển số xe 비엔 소 쎄
⑦ 변속기 hộp số 홉 소	⑧ 트렁크 túi du lịch 뚜이 주 릭	⑨ 클러치 bộ ly hợp 보 리 헙

① 안장 yên 이엔	② 앞바퀴 bánh xe trước 반 쎄 쯔억	③ 뒷바퀴 bánh xe sau 반 쎄 싸우
④ 체인 dây xích 저이 씩	⑤ 페달 bàn đạp 반 답	

Unit 12 교통표지판

양보 sự nhường 스 느엉		일시정지 tạm dừng 땀 중	

추월금지 cấm vượt 껌 브엇		제한속도 tốc độ giới hạn 똑 도 저이 한	
일방통행 đường một chiều 드엉 못 찌에우	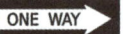	주차금지 cấm đỗ xe 껌 도쎄	
우측통행 đi bên phải 디 벤 파이		진입금지 cấm vào 껌 바오	
유턴금지 cấm quay xe 껌 꽈이 쎄		낙석도로 đường đá lở 드엉 다 로	
어린이 보호구역 khu vực bảo vệ trẻ em 쿠 북 바오 베 쩨 엠			

Unit 13 방향

좌회전 rẽ trái 제 짜이		우회전 rẽ phải 제 파이	
직진 đi thẳng 디 탕		백(back) đi lùi 디 루이	

유턴 **quay xe** 꾸아이 쎄 	동서남북 **đông tây nam bắc** 동 떠이 남 박 

Unit 14 거리풍경

신호등 **đèn tín hiệu** 덴 띤 히에우 	횡단보도 **lối sang đường** 로이 상 드엉 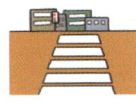
주유소 **trạm xăng dầu** 짬 쌍 저우 	인도 **đường bộ hành** 드엉 보 항 
차도 **đường xe chạy** 드엉 쎄 짜이 	고속도로 **đường cao tốc** 드엉 까오 똑 
교차로 **đường giao nhau** 드엉 자오 냐우 	지하도 **đường hầm** 드엉 험 
버스정류장 **bến xe buýt** 벤 쎄 부잇 	방향표지판 **biển báo** 비엔 바오 

육교 **cầu chui** 꺼우 쭈이		공중전화 **điện thoại công cộng** 디엔 토아이 꽁꽁	

Unit 15 베트남 대표 관광지

요정의 샘물 **Suối Tiên** 수오이 띠엔		빈펄랜드 **Vinpearl Land** 빈펄 랜드	
나짱 **Nha Trang** 냐 짱		하노이 레닌 공원 **Công Viên Lênin** 꽁비엔 레닌	
호치민 동상 **tượng đồng chủ tịch Hồ chí Minh** 트엉 동 쭈 띡 호 치 민		베트남 역사 박물관 **Bảo tàng lịch sử Việt Nam** 바오 땅 릭스 비엣 남	
타임스 스퀘어 사이공 **Toà nhà Times Square** 또아 냐 타임스 스퀘어		퐁고르 폭포 **Thác Pongour** 탁 퐁고르	
용다리 **Cầu Rồng** 꺼우 종		푸꼭섬 **đảo Phú Quốc** 다오 푸 꾸옥	

꾹프엉 국립공원 **Vườn quốc gia Cúc Phương** 브언 꾸옥 쟈 꾹 프엉 	판시팡 산 **núi Phan Xi Păng** 누이 판 씨 팡 
덤센 공원 **Công viên Văn hoá Đầm Sen** 꽁 비엔 반 화 덤 선 	수오이 띠엔 놀이공원 **Khu Du lịch Văn hóa Suối Tiên** 쿠 주 릭 반 화 수오이 띠엔 
퐁냐께방 국립공원 **Vườn Quốc gia Phong Nha Kẻ Bàng** 브언 꾸옥 쟈 퐁 냐 케 방 	베트남 전쟁박물관 **Bảo tàng Chứng tích Chiến tranh** 바오 땅 쯩 띡 찌엔 짠 
응옥선 사당 **Đền Ngọc Sơn** 덴 응옥 선 	통일궁 **Dinh Độc Lập** 진 독 럽 
일주사 **Chùa Một Cột** 쭈아 못 꼿 	호이안 구도심 **Phố cổ Hội An** 포 꼬 호이 안 
호안끼엠 호수 **Hồ Hoàn Kiếm** 호 호안 끼엠 	노트르담 성당 **Nhà thờ Đức Bà** 냐 터 득 바 
통일궁 대분수 **Đài phun nước dinh Độc lập** 다이푼 느억 진 독 럽 	성 요셉 성당 **Nhà Thờ Lớn** 냐 터 런 

서호 **Hồ Tây** 호 떠이 	안남산맥 **rặng núi Tam Đảo** 장 누이 땀 다오 
티엔무 사 **Chùa Thiên Mụ** 쭈아 티엔 무 	깟바 섬 **đảo Cát Bà** 다오 깟 바 
호치민시 인민위원회 **Ủy ban Nhân dân Thành phố Hồ Chí Minh** 우이 반 년 젼 타잉 포 호 치 민 	탕롱 황성 **Hoàng Thành Thăng Long** 호앙 타잉 탕 롱 
후에성 **Kinh thành Huế** 낀 타잉 후에 	오행산 **Thắng cảnh Ngũ Hành Sơn** 탕 깐 응우 한 선 
황법사 **Chùa Hoằng Pháp** 쭈어 호앙 팝 	화이트 샌드 **Đồi Cát Trắng** 도이 깟 짱 
오페라 하우스 **Nhà hát Thành Phố** 냐 핫 타잉 포 	한 다리 **cầu Hàn** 꺼우 한 

사이공 동물원 Thảo Cầm Viên Sài Gòn 타오 껌 비엔 사이 공 	바익마 국립공원 Vườn quốc gia Bạch Mã 브언 꾸옥 쟈 박익 마 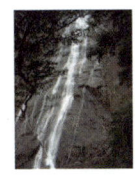
천국의 동굴 Hang Thiên Đường 항 티엔 드엉 	하롱베이 Vịnh Hạ Long 빈 하 롱 

Unit 16 볼거리(예술 및 공연)

연극 kịch 끽 	가면극 mặt nạ diễn kịch 맛 나 지엔 끽 
아이스쇼 chương trình trên băng 쯩 찐 쩬 방 	서커스 xiếc 씨엑 
발레 múa ba lê 무아 바 레 	팬터마임 kịch câm 끽 껌 
1인극 kịch một vai 끽 못 바이 	난타 sự đánh bừa bãi 쓰 단 브아 바이 

락 페스티벌 **liên hoan nhạc rock** 리엔 호안 냑 락 	콘서트 **buổi hòa nhạc** 부오이 호아 냑 
뮤지컬 **Âm nhạc** 엄 냑 	클래식 **âm nhạc cổ điển** 엄 냑 꼬 디엔 
오케스트라 **ban nhạc** 반 냑 	마당놀이 **trò chơi trên sân** 쪼 쩌이 쩬 선 
국악공연 **sự diễn nhạc truyền thống** 스 지엔 냑 쭈엔 통 	

Unit 17 나라 이름

아시아(châu Á) 쩌우 아

대한민국(한국) **Hàn Quốc** 한 꾸옥 	베트남 **Việt Nam** 비엣 남 
중국 **Trung Quốc** 쭝 꾸옥 	일본 **Nhật Bản** 녓 반 

대만 Đài Loan 다이 로안	🇹🇼	**필리핀** Philippine 필리핀	🇵🇭
인도네시아 Nam dương 남 즈엉	🇮🇩	**인도** Ấn Độ 언 도	🇮🇳
파키스탄 Pakistan 파키스탄	🇵🇰	**우즈베키스탄** Uzbekistan 우즈베키스탄	🇺🇿
카자흐스탄 Kazakhstan 카자흐스탄	🇰🇿	**러시아** Nga 응아	🇷🇺
몽골 Mông cổ 몽 꼬	🇲🇳	**태국** Thái Lan 타이 란	🇹🇭

유럽(châu Âu) 쩌우 어우

스페인 Tây Ban Nha 떠이 반 냐	🇪🇸	**프랑스** Pháp 팝	🇫🇷
포르투갈 Bồ Đào Nha 보 다오 냐	🇵🇹	**아이슬란드** Ai-xơ-len 아이 쏘 렌	🇮🇸

스웨덴 Thụy Điển 투이 디엔	🇸🇪
핀란드 Phần Lan 펀 란	🇫🇮
영국 Anh 안	🇬🇧
라트비아 Latvia 라트비아	
우크라이나 Ukraina 우크리나	🇺🇦
이탈리아 Ý 이	🇮🇹

노르웨이 Na Uy 냐 우이	🇳🇴
아일랜드 Ai-rơ-len 아이 조 렌	🇮🇪
독일 Đức 득	🇩🇪
벨라루스 Belarus 벨라루스	
루마니아 Rumani 루마니	🇷🇴
그리스 Hy Lạp 희 랍	🇬🇷

북아메리카(Bắc Mỹ) 박 미

미국 Mỹ 미		**캐나다** Canada 께나다	

그린란드
đảo Greenland
다오 그린란드

남아메리카(Nam Mỹ) 남 미

멕시코
Mêxicô
메씨꼬

쿠바
Cuba
꾸바

과테말라
Guatemala
과테말라

베네수엘라
Venezuela
베네수엘라

에콰도르
Ê-cu-a-đo
에 꾸아 도

페루
Peru
페루

브라질
Brazin
브라진

볼리비아
Bolivia
볼리비아

파라과이
Paraguay
파라과이

칠레
Chilê
칠레

아르헨티나
Ác-hen-ti-na
악 헨 띠 나

우루과이
U-ru-guay
우 루 과이

중동(Trung đông) 쫑 동

튀르키예 Thổ Nhĩ Kỳ 토 니 끼		**시리아** Syria 시리아	
이라크 Irắc 이락		**요르단** Jordan 조르단	
이스라엘 Israel 이스라엘		**레바논** Libăng 리방	
오만 Oman 오만		**아프가니스탄** Áp-ga- nix-tăng 압가 닉 땅	
사우디아라비아 Ả rập Saođi 아 랍 사오디			

오세아니아(Châu Đại dương) 쩌우 다이 즈엉

오스트레일리아 Úc 욱		**뉴질랜드** New Zealand 뉴질 랜드	
피지 Fiji 피지			

Phần 01

Vietnamese Conversation for Beginners

자연스러운 만남의 표현
Cách nói tự nhiên trong cuộc gặp gỡ
까익 노이 뜨 니엔 쫑 꾸옥 갑 거

01. 일상적인 만남의 인사
02. 소개할 때의 인사
03. 헤어질 때의 인사

Anh [Chị] có khỏe không?(어떠세요?), Cảm ơn, tôi khỏe. Còn anh [chị]?(감사합니다, 잘 지냅니다. 당신은요?), Tôi cũng khỏe.(네, 저도 잘 지냅니다.), Tốt nhỉ.(좋네요.) 등은 베트남에서 일상적인 표현입니다. 이런 기본적인 표현들을 익혀두시면 현지인들과의 만남이 훨씬 부드러워질 것입니다.

Chương 01 일상적인 만남의 인사 Cách chào hỏi hàng ngày

베트남에서 인사할 때는 꼭 주어를 넣어서 말해야 공손한 표현이 됩니다. 호칭을 정확히 하는 것도 중요합니다. 기본적으로는 〈주어 + chào + 목적어〉의 구조로 인사를 합니다. 친구들과 인사를 나눌 때는 Bạn có khỏe không?(잘 지내니?)라는 표현을 많이 사용합니다. 이에 대한 응답으로는 Mình khỏe, còn bạn?(나는 잘 지내, 너는?) 등으로 대답합니다.

Bài 1 일상적인 인사를 할 때 Khi chào hỏi thông thường

💬 안녕!

Chào bạn!

짜오 반

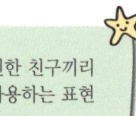
친한 친구끼리 사용하는 표현

💬 잘 있었니?

Bạn có khỏe không?

반 꼬 코애 콤

💬 무슨 일이야?

Có chuyện gì thế?

꼬 쭈옌 지 테

💬 휴가 잘 보냈어요?

Anh [Chị] có ngày nghỉ vui vẻ chứ?

아인 [찌] 꼬 응아이 응이 부이 배 쯔   ngày nghỉ 휴가

💬 지난 주말은 어떻게 보냈어요?
Cuối tuần trước anh [chị] thế nào?
꾸오이 뚜언 쯔억 아인 [찌] 테 나오

💬 뭐 새로운 소식 있어요?
Anh [Chị] có tin gì mới không?
아인 [찌] 꼬 띤 지 머이 콤   tin 소식

💬 날씨 참 좋지, 그렇지?
Thời tiết đẹp nhỉ?
터이 띠엣 뎁 니   thời tiết 날씨, 기후

(Bài 2)   우연히 만났을 때 Khi gặp bất ngờ

💬 기적이야!
Ôi thật kỳ lạ!
오이 텃 끼 라

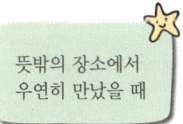
뜻밖의 장소에서
우연히 만났을 때

💬 세상 참 좁구나!
Thế giới này nhỏ quá!
테 져이 나이 뇨 꾸아

💬 여기에서 너를 만나다니 놀랍군!
Ô có thể gặp được bạn ở đây!
오 꼬 테 갑 드억 반 어 데이

💬 너를 여기에서 보리라곤 생각하지 못했어.
Mình chưa bao giờ tưởng tượng gặp được bạn ở đây.
밍 쯔어 바오 져 뜨엉 뜨엉 갑 드억 반 어 데이

💬 너를 많이 보고 싶었어.
Mình nhớ bạn lắm.
밍 녀 반 람

💬 무슨 일이야?
Bạn đến đây có việc gì thế?
반 덴 데이 꼬 비엑 지 테

💬 우리 전에 만난 적이 있지 않아요?
Trước đây chúng ta gặp nhau phải không?
쯔억 데이 쭝 따 갑 냐우 파이 콤

Bài 3 안녕을 물을 때 Khi hỏi thăm

💬 어떻게 지내니?
Dạo này bạn thế nào?
쟈오 나이 반 테 나오

💬 어떻게 지내세요?
Dạo này anh [chị] thế nào ạ?
쟈오 나오 아인 [찌] 테 나오 아

💬 뭐 별일 없니?
Bạn có chuyện gì không?
반 꼬 쭈옌 지 콤

💬 오늘은 컨디션이 좀 어때?
Hôm nay tâm trạng của bạn thế nào?
홈 나이 떰 짱 꾸어 반 테 나오 　　　　　　　　　　hôm nay 오늘

💬 오늘은 어때?
Hôm nay thế nào?
홈 나이 테 나오

💬 어떻게 지냈어?
Dạo này bạn đang làm gì?
쟈오 나이 반 당 람 지

💬 모든 일이 잘 돼 가?
Công việc có tốt không?
꽁 비엑 꼬 똣 콤

💬 새로 하는 일은 잘 돼 가?
Công việc mới thế nào?
꽁 비엑 머이 테 나오

Bài 4　오랜만에 만났을 때 Khi lâu rồi mới gặp lại

💬 오랜만이야!
Lâu lắm rồi mới gặp nhỉ!
러우 람 조이 머이 갑 니
　　　　　　　　　　　　　　　　　lâu 오랫동안

💬 여전하군, 하나도 안 변했어.
Vẫn như thế, không thay đổi gì cả.
번 느 테, 콤 타이 도이 지 까

💬 넌 똑같구나.
Bạn cũng thế.
반 꿍 테

💬 몇 년 만에 뵙는군요.
Mấy năm rồi mới gặp lại anh [chị] ạ.
머이 남 조이 머이 갑 라이 아인 [찌] 아

💬 김 선생님! 정말 오랜만이에요.
Anh Kim! Thật lâu lắm rồi chúng ta mới gặp nhau nhỉ.
아인 낌 텃 러우 람 조이 쭝 따 머이 갑 냐우 니

💬 세월 참 빠르군요.
Thời gian trôi nhanh quá.
터이 쟌 쪼이 냐인 꾸아

> 시간이 어찌나
> 빨리 흐르는지

💬 네가 많이 보고 싶었어.
Mình đã rất nhớ bạn.
밍 다 젓 녀 반

💬 이게 누구야?
Ai đấy?
아이 더이

💬 안 본 지 적어도 2년은 된 것 같아.
Phải gần 2 năm rồi chúng ta không gặp nhau nhỉ.
파이 건 하이 남 조이 쭝 따 콤 갑 냐우 니

💬 그간 어떻게 지냈어?
Thời gian vừa qua bạn vẫn khỏe chứ?
터이 쟌 브어 꾸아 반 번 코애 쯔

> chứ 문미에서 의문
> 을 나타내는 말

💬 어떻게 지냈는지 얘기 좀 해 봐.

Trong thời gian vừa qua sống thế nào kể cho mình nghe đi.

쫑 터이 쟌 브어 꾸아 쏭 테 나오 께 쪼 밍 응예 디

💬 요즘 뭐 하고 지내니?

Dạo này bạn làm gì đấy?

쟈오 나이 반 람 지 더이

Bài 5 안부를 묻고 답할 때 Khi hỏi thăm nhau

💬 가족들은 잘 지내지?

Gia đình của bạn có khỏe không?

쟈 딩 꾸어 반 꼬 코애 콤   gia đình 가정, 가족

💬 부모님들은 잘 지내시지?

Bố mẹ của bạn có khỏe không?

보 메 꾸어 반 꼬 코애 콤   bố mẹ 부모

💬 난 아주 잘 지내.

Tôi vẫn khỏe mạnh.

또이 번 코왜 마잉

💬 항상 그렇지 뭐.

Lúc nào tôi cũng như thế.

룩 나오 또이 꿍 느 테

Chương 01 일상적인 만남의 인사

💬 그냥 그래.
Tôi bình thường.
또이 빈 트엉

bình thường 보통이다

💬 아이고, 별로 잘 지내지 못해.
Trời, tôi không tốt lắm.
쩌이, 또이 콤 똣 람

💬 오늘은 컨디션이 별로 좋지 않아.
Hôm nay tâm trạng của tôi không tốt lắm.
홈 나이 떰 짱 꾸어 또이 콤 똣 람

💬 별일 없어.
Không có gì đặc biệt.
콤 꼬 지 닥 비엣

Chương 02 소개할 때의 인사 Lời giới thiệu

일반적으로는 처음 만나는 사람에게 만나서 반갑다는 의미의 Tôi rất vui được gặp anh [chị] 정도로 인사하면 금방 서로 친해집니다. 베트남어에서는 '잘 부탁합니다'가 '만나서 반갑습니다'라는 표현이 되므로, 베트남어다운 발상에 주의하도록 합시다. 베트남에서는 남자와 여자가 만나는 경우 남자가 먼저 여성의 이름을 묻고 이후 자신을 소개합니다. 연장자와 만나게 되는 경우 나이가 더 적은 사람이 먼저 연장자에게 묻는 것이 일반적입니다.

Bài 1   처음 만났을 때 Khi mới gặp lần đầu

💬 만나서 반가워요.
Tôi rất vui được gặp anh [chị].
또이 젓 부이 드억 갑 아인 [찌]

💬 당신을 보게 돼서 기뻐요.
Tôi rất mừng được gặp anh [chị].
또이 젓 믕 드억 갑 아인 [찌]   mừng 기쁜

💬 당신을 알게 돼서 기뻐요.
Tôi rất vui được làm quen với anh [chị].
또이 젓 부이 드억 람 꾸앤 버이 아인 [찌]

💬 당신을 만나게 돼서 영광입니다.
Tôi rất hân hạnh được gặp anh [chị] ạ.
또이 젓 헌 하잉 드억 갑 아인 [찌] 아

💬 제가 오히려 반가워요.
Tôi cảm thấy vui hơn.
또이 깜 터이 부이 헌

💬 얘기 많이 들었어요.
Tôi đã được nghe nhiều lần về anh [chị].
또이 다 드억 응예 니에우 런 베 아인 [찌]

> **Bài 2** 자신을 소개할 때 Khi tự giới thiệu

💬 제 소개를 할게요.
Tôi xin tự giới thiệu về mình.
또이 씬 뜨 져이 티에우 베 밍   tự giới thiệu 자기소개를 하다

💬 제 소개를 해도 될까요?
Tôi xin tự giới thiệu được không ạ?
또이 씬 뜨 져이 티에우 드억 콤 아

💬 저는 보라라고 해요.
Tôi là Bo-ra.
또이 라 보라

💬 이름이 뭐예요?
Anh [Chị] tên là gì?
아인 [찌] 뗀 라 지   tên 이름

💬 성은 뭐예요?
Họ của anh [chị] là gì?
호 꾸어 아인 [찌] 라 지

💬 제 성은 김 씨예요.
Họ của tôi là Kim.
호 꾸어 또이 라 낌

💬 명함 한 장 주실래요?
Cho tôi xin danh thiếp được không ạ?
쪼 또이 씬 자잉 티엡 드억 콤 아

💬 여기 명함이 있어요.
Gửi anh [chị] danh thiếp của tôi.
그이 아인 [찌] 자잉 티엡 꾸어 또이

Bài 3 소개시킬 때 Khi giới thiệu người khác cho nhau

💬 두 분이 서로 인사를 나누셨나요?
Hai người đã nói chuyện với nhau chưa ạ?
하이 응어이 다 노이 쭈옌 버이 냐우 쯔어 아   hai 둘

💬 장 씨를 소개해 드릴게요.
Tôi xin giới thiệu đây là Giang.
또이 씬 져이 티에우 데이 라 장

💬 안녕하세요, 전 밍이예요.
Chào anh [chị], Tôi là Minh.
짜오 아인 [찌], 또이 라 밍

💬 장 씨가 당신에 대해 많이 말씀하셨어요.
Tôi đã được nghe chị Giang nói về anh [chị] nhiều lần rồi ạ.
또이 다 드억 응예 찌 장 노이 베 아인 [찌] 니에우 런 조이 아

💬 이분은 제 동료인 뚜언 씨예요.
Đây là anh Tuấn, đồng nghiệp của tôi.
데이 라 아인 뚜언, 동 응이엡 꾸어 또이   đồng nghiệp 동료

💬 만나서 반가워요.
Tôi rất vui được gặp anh [chị].
또이 젓 부이 드억 갑 아인 [찌]

💬 이분은 우리 사장님입니다.
Đây là giám đốc của chúng tôi.
데이 라 잠 독 꾸어 쭝 또이

💬 가기 전에 그 형(누나)과 인사 나누세요!
Chào anh [chị] ấy trước khi về nhé!
짜오 아인 [찌] 어이 쯔억 키 베 녜

💬 오래 전부터 당신을 뵙고 싶었어요.
Từ trước đến nay tôi muốn gặp anh [chị].
뜨 쯔억 덴 나이 또이 무온 갑 아인 [찌]

Bài 4 그 밖의 소개에 관한 표현 Các cách giới thiệu khác

💬 직업은 뭐예요?
Anh [Chị] làm nghề gì?
아인 [찌] 람 응예 지   nghề 직업

💬 전 Apollo 학원에서 선생님으로 일하고 있어요.
Tôi là giáo viên ở trung tâm Apollo.
또이 라 자오 비엔 어 쭝 떰 아뽈로   giáo viên 교사, 교직원

💬 어느 나라 사람이세요?
Anh [Chị] là người nước nào?
아인 [찌] 라 응어이 느억 나오

⭐ 국적은 뭐예요?
라고 묻지 않음

💬 전 베트남 사람이에요.
Tôi là người Việt Nam.
또이 라 응어이 비엣 남

💬 전공은 뭐예요?
Chuyên ngành của anh [chị] là gì?
쭈옌 응아잉 꾸어 아인 [찌] 라 지

💬 영국 문학을 전공하고 있어요.
Tôi đang học về văn học Anh.
또이 당 혹 베 반 혹 아인

Chương 03 — 헤어질 때의 인사 Cách chào khi tạm biệt

금방 돌아올 테니 기다려 달라고 할 때나 그날 다시 만날 때는, chờ tôi một chút(잠시만 기다려 주세요), tí nữa chúng ta gặp nhé!(그럼 조금 이따 봐요!), 다음주에 만나기로 약속한 경우에는 tuần sau chúng ta gặp lại nhé!(다음 주에 다시 봐요!)라고 하며 tuần sau를 먼저 말합니다. 마지막으로 anh [chị] nghỉ nhé!(편히 쉬세요!)를 덧붙이면 멋진 표현이 됩니다.

Bài 1 밤에 헤어질 때 Khi tạm biệt vào ban đêm

💬 **잘 자!**
Chúc bạn ngủ ngon!
쭉 반 응우 응온

💬 **푹 쉬어!**
Nghỉ ngơi thoải mái nhé!
응이 응어이 토와이 마이 녜

💬 **좋은 꿈 꿔!**
Chúc bạn có giấc mơ đẹp!
쭉 반 꼬 적 머 뎁   giấc mơ 꿈

Bài 2 기본적인 작별 인사 Lời chào cơ bản khi chia tay

💬 안녕.
Chào.
짜오

💬 나중에 봐.
Hẹn gặp lại .
핸 갑 라이

💬 담에 또 봐!
Lần sau gặp lại nhé!
런 사우 갑 라이 녜

💬 내일 부자!
Ngày mai gặp nhé!
응아이 마이 갑 녜   ngày mai 내일

💬 이따 봐!
Tí nữa gặp nhé!
띠 느어 갑 녜

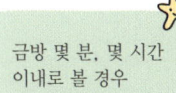
금방 몇 분, 몇 시간 이내로 볼 경우

💬 재미있는 시간 보내.
Chúc bạn có một thời gian vui vẻ.
쭉 반 꼬 못 터이 쟌 부이 배

💬 잘 가.
Tạm biệt.
땀 비엣

Phần 01
자연스러운 만남의 표현

💬 살펴 가!
Đi về cẩn thận nhé!
디 베 껀 턴 녜

💬 몸조심 해!
Giữ gìn sức khỏe nhé!
즈 진 씈 코애 녜

💬 좋은 하루 보내.
Chúc bạn có một ngày tốt lành.
쭉 반 꼬 못 응아이 똣 라잉

💬 좋은 주말 보내.
Chúc bạn cuối tuần vui vẻ.
쭉 반 꾸오이 뚜언 부이 배

💬 연락하자!
Sẽ liên lạc lại nhé!
쎄 리엔 락 라이 녜

liên lạc 연락하다

💬 내가 연락할게!
Mình sẽ liên lạc nhé!
밍 쎄 리엔 락 녜

💬 조만간 연락할게!
Mình sớm liên lạc nhé!
밍 썸 리엔 락 녜

64

💬 안녕, 연락해!
Tạm biệt, liên lạc nhé!
땀 비엣, 리엔 락 녜

💬 안녕, 담에 보자!
Tạm biệt, lần sau gặp nhé!
땀 비엣, 런 사우 갑 녜

💬 즐겨.
Tự nhiên đi.
뜨 니엔 디

💬 좋아, 그럼 그날 봐!
Được, gặp vào ngày đó nhé!
드억, 갑 바오 응아이 도 녜

💬 조만간 보길 바래.
Mình mong sớm gặp lại.
밍 몽 썸 갑 라이

Bài 3 방문을 마칠 때 Khi kết thúc buổi viếng thăm

💬 나 이제 갈게.
Bây giờ mình đi đây.
버이 져 밍 디 데이

💬 이제 나 가봐야 해.
Bây giờ mình phải đi.
버이 져 밍 파이 디

💬 떠나려고 하니 아쉬워.
Phải về rồi, tiếc quá.
파이 베 조이, 띠엑 꾸아   tiếc 아쉬워하다

💬 그럼, 난 가는 게 좋겠어.
Vậy thì, mình nên đi thì tốt hơn.
버이 티, 밍 넨 디 티 똣 헌

💬 미안한데, 나 지금 가야 해.
Xin lỗi, nhưng bây giờ mình phải đi.
씬 로이, 능 버이 져 밍 파이 디   xin lỗi 미안하다

💬 미안한데, 이제 가야 할 시간이야.
Xin lỗi, nhưng bây giờ là lúc mình phải đi.
씬 로이, 능 버이 져 라 룩 밍 파이 디

급한 일이 있어서

💬 미안한데, 내가 좀 급해서.
Xin lỗi, nhưng bây giờ mình có việc gấp.
씬 로이, 능 버이 져 밍 꼬 비엑 겁

💬 미안한데, 내가 약속이 있어.
Xin lỗi, nhưng mình có hẹn khác.
씬 로이, 능 밍 꼬 핸 칵

💬 너무 늦은 것 같아.
Giờ này muộn quá.
져 나이 무온 꾸아   muộn 늦은

💬 이제 작별할 시간이야.
Bây giờ là lúc chia tay.
버이 져 라 룩 찌어 따이

💬 아이고, 벌써 아홉 시야, 가야겠어.
Trời, 9 giờ rồi, mình cần đi.
쩌이, 찐 져 조이, 밍 껀 디

💬 저녁 식사 정말 좋았어.
Bữa tối ngon lắm.
브어 또이 응온 람

💬 오늘 저녁 정말 즐거웠어.
Buổi tối nay rất vui.
부오이 또이 나이 젓 부이

💬 저녁 식사 고마웠어.
Cảm ơn bữa tối nay.
깜 언 브어 또이 나이   bữa tối 저녁 식사

💬 그럼, 조만간 보자! 안녕.
Vậy, sớm gặp lại nhau nhé! Tạm biệt.
버이, 썸 갑 라이 냐우 녜   탐 비엣

> Bài 4　주인의 작별 인사 Lời chào tạm biệt của chủ nhà

💬 방문해 줘서 고마워.
Cảm ơn bạn đã đến thăm tôi.
깜 언 반 다 뎬 탐 또이

💬 우리 집에 와 줘서 고마워.
Cảm ơn bạn đã đến nhà mình.
깜 언 반 다 뎬 냐 밍

💬 벌써 가는 거야?
Bạn về sớm thế à?
반 베 썸 테 아

💬 좀 더 있다 가!
Ở lại thêm một lúc nữa nhé!
어 라이 템 못 룩 느어 녜

💬 우리 집에서 저녁 먹고 가.
Ăn tối ở nhà mình rồi hãy về.
안 또이 어 냐 밍 조이 하이 베

💬 우리 집에서 자고 (내일) 가.
Ngủ ở nhà mình rồi mai hãy về.
응우 어 냐 밍 조이 마이 하이 베

💬 오늘 밤 재미있었어?
Đêm nay có vui không?
뎀 나이 꼬 부이 콤

💬 오늘 즐거웠어?
Hôm nay bạn có vui không?
홈 나이 반 꼬 부이 콤

💬 우리 집에 언제든 와.
Lúc nào đến nhà mình cũng được.
룩 나오 덴 냐 밍 꿍 드억   lúc nào 언제든

💬 내가 바래다 줄게!
Mình tiễn bạn nhé!
밍 띠엔 반 녜

Bài 5 안부를 전할 때 Khi gửi lời hỏi thăm.

💬 네 엄마에게 안부 전해 줘!
Cho mình gửi lời hỏi thăm sức khỏe đến mẹ bạn nhé!
쪼 밍 그이 러이 호이 탐 쓱 코애 덴 메 반 녜

💬 네 가족에게 안부 전해 줘!
Cho mình gửi lời hỏi thăm sức khỏe đến gia đình bạn nhé!
쪼 밍 그이 러이 호이 탐 쓱 코애 덴 쟈 딩 반 녜

💬 (~에게) 내 안부 전해 줘!
Gửi lời chào đến ~ nhé!
그이 러이 짜오 덴 ~ 녜

Bài 6 배웅할 때 Khi tiễn bạn

💬 안녕, 즐거운 여행이 되길 바라!

Tạm biệt, chúc bạn đi du lịch vui vẻ!

땀 비엣, 쭉 반 디 쥬 릭 부이 배

du lịch 여행

💬 안녕, 재미있게 잘 보내.

Tạm biệt, chúc bạn gặp nhiều điều thu vị.

땀 비엣, 쭉 반 갑 니에우 디에우 투 비

💬 좋은 여행이 되길 바라!

Chúc bạn có chuyến đi du lịch thu vị!

쭉 반 꼬 쭈옌 디 쥬 릭 투 비

Phần 02

Vietnamese Conversation for Beginners

세련된 교제를 위한 표현
Biểu hiện giao tiếp lịch thiệp
비에우 히엔 자오 띠엡 릭 띠엡

01. 고마움을 나타낼 때
02. 사과 · 사죄를 할 때
03. 축하와 환영을 할 때
04. 초대를 할 때
05. 방문을 할 때
06. 약속을 할 때
07. 식사를 제의할 때

외국인과 세련되고 예의 바른 교제를 원한다면 이 장에서 소개되는 감사, 사죄, 방문 등의 표현을 잘 익혀두어야 합니다. 방문은 상대방과의 경계를 누그러뜨리고, 서로의 교제를 깊게 하는데 큰 역할을 합니다. 상대방에게 친밀감을 느낄 수 있는 방법이 여러 가지 있겠지만, 그중에서 방문은 친밀감을 느낄 수 있는 가장 자연스러운 계기가 될 수 있습니다.

Chương 01 고마움을 나타낼 때 khi biểu hiện sự cảm ơn

'~해 줘서 고마워요'라고 감사의 내용을 전할 경우에는 〈주어 + cảm ơn + 목적어 + vì~〉를 사용하면 편리합니다. 예를 들어, Tôi cảm ơn anh [chị] vì đã giúp tôi.(도와줘서 고마워요.) Tôi cảm ơn anh [chị] vì đã mời tôi.(초대해 줘서 고마워요.)처럼 사용합니다. 감사의 말을 들었을 때 응답으로는 Không có gì / Không có chi.가 있습니다.

Bài 1 기본적인 감사의 표현 Biểu hiện lòng biết ơn

💬 감사합니다.
Cảm ơn.
깜 언

💬 대단히 감사합니다.
Cảm ơn nhiều.
깜 언 니에우

💬 아주 많이 감사합니다.
Chân thành cảm ơn.
쩐 타잉 깜 언

💬 여러모로 감사 드립니다.

Tôi cảm ơn anh [chị] giúp đỡ trên nhiều phương diện.

또이 깜 언 아인 [찌] 줍 더 쩬 니에우 프엉 지엔

💬 정말 감사 드립니다.

Tôi thành thật cảm ơn anh [chị] ạ.

또이 타잉 텃 깜 언 아인 [찌] 아

💬 얼마나 감사한지 모르겠어요.

Với sự biết ơn vô hạn xin chân thành cảm ơn anh [chị].

버이 스 비엣 언 보 한 씬 쩐 타잉 깜 언 아인 [찌]

Bài 2 고마움을 나타낼 때 Khi biểu hiện sự cảm ơn

💬 어떻게 감사 드려야 할지 모르겠어요.

Tôi không biết cảm ơn như thế nào.

또이 콤 비엣 깜언 느 테 나오

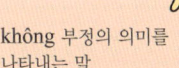
không 부정의 의미를 나타내는 말

💬 와 주셔서 감사합니다.

Tôi cảm ơn anh [chị] đã có mặt ở đây ạ.

또이 깜 언 아인 [찌] 다 꼬 맛 어 데이 아

💬 저에겐 큰 도움이 되었어요.

Anh [Chị] thật sự đã giúp đỡ tôi rất nhiều.

아인 [찌] 텃 스 다 줍 더 또이 젓 니에우

giúp đỡ 돕다

💬 도와 주셔서 감사합니다.
Tôi cảm ơn anh [chị] đã giúp tôi.
또이 깜 언 아인 [찌] 다 줍 또이

💬 당신은 저에게 기회를 주셨어요.
Anh [chị] trao cho tôi một cơ hội ạ.
아인 [찌] 짜오 쪼 또이 못 꺼 호이   cơ hội 기회

💬 당신의 은혜는 절대 잊지 않을 거예요.
Tôi sẽ không bao giờ quên ơn của anh [chị].
또이 쎄 콤 바오 져 꾸엔 언 꾸어 아인 [찌]

💬 당신의 조언에 감사합니다.
Tôi cảm ơn lời giúp đỡ của anh [chị].
또이 깜 언 러이 줍 더 꾸어 아인 [찌]

💬 저를 기다려 줘서 감사합니다.
Tôi cảm ơn anh [chị] đã đợi tôi ạ.
또이 깜 언 아인 [찌] 다 더이 또이 아

💬 초대해 주셔서 감사합니다.
Tôi cảm ơn anh [chị] đã mời tôi ạ.
또이 깜 언 아인 [찌] 다 머이 또이 아   mời 초대하다

💬 저녁식사에 대해 감사합니다.
Tôi cảm ơn anh [chị] về bữa tối ạ.
또이 깜 언 아인 [찌] 베 브어 또이 아

Bài 3 배려에 대한 고마움을 나타낼 때 Khi biểu hiện sự cảm ơn về sự quan tâm

💬 그렇게 말씀해 주셔서 감사합니다.
Tôi cảm ơn anh [chị] đã nói như thế ạ.
또이 깜 언 아인 [찌] 다 노이 느 테 아

💬 친절을 베풀어 주셔서 감사합니다.
Tôi rất cám ơn lòng tốt của anh [chị].
또이 젓 깜 언 롱 똣 꾸어 아인 [찌]

💬 고려해 주셔서 감사합니다.
Tôi cảm ơn anh [chị] đã xem xét cho tôi ạ.
또이 깜 언 아인 [찌] 다 쌤 쎗 쪼 또이 아

💬 당신의 빠른 답변에 감사합니다.
Tôi cảm ơn anh [chị] đã trả lời nhanh ạ.
또이 깜 언 아인 [찌] 다 짜 러이 냐잉 아   nhanh 빠른

💬 동행해 주셔서 감사합니다.
Tôi cảm ơn anh [chị] đã đi cùng tôi ạ.
또이 깜 언 아인 [찌] 다 디 꿍 또이 아

💬 시간을 내 주셔서 감사 드립니다.
Tôi cảm ơn anh [chị] đã dành thời gian cho tôi ạ.
또이 깜 언 아인 [찌] 다 자잉 터이 쟌 쪼 또이 아

💬 신경 써 주셔서 감사합니다.
Tôi cảm ơn anh [chị] đã quan tâm đến tôi ạ.
또이 깜 언 아인 [찌] 다 꾸안 떰 덴 또이 아

💬 동반해 주셔서 즐거웠어요.
Tôi rất vui vì anh [chị] đã đi cùng với tôi.
또이 젓 부이 비 아인 [찌] 다 디 꿍 버이 또이

💬 당신 덕분에 오늘 정말 재미있게 보냈습니다.
Nhờ anh [chị] hôm nay tôi có thời gian rất vui.
녀 아인 [찌] 홈 나이 또이 꼬 터이 쟌 젓 부이

💬 우리와 시간을 보내 주셔서 감사합니다.
Tôi cảm ơn anh [chị] dành thời gian cho chúng tôi.
또이 깜 언 아인 [찌] 자잉 터이 쟌 쪼 쭝 또이

💬 당신의 큰 호의에 감사합니다.
Tôi cảm ơn tấm lòng ấm áp của anh [chị].
또이 깜 언 떰 롱 엄 압 꾸어 아인 [찌]

Bài 4   감사의 선물을 줄 때 Khi tặng quà để thay lời cảm ơn

💬 이건 너를 위한 선물이야.
Đây là quà tặng cho bạn.
데이 라 꾸아 땅 쪼 반

💬 너에게 주려고 선물을 사왔어.
Mình mua quà tặng cho bạn.
밍 무어 꾸아 땅 쪼 반

💬 너에게 줄 조그만 선물이 있어.
Mình có một món quà nhỏ tặng bạn.
밍 꼬 못 몬 꾸아 뇨 땅 반

món quà 선물

💬 이 선물은 내가 직접 만든 거야.

Quà tặng này mình tự làm.

꾸아 땅 나이 밍 뜨 람

💬 대단한 것은 아니지만 마음에 들었으면 좋겠어.

Món quà này không phải quá lớn, mình mong bạn sẽ thích nó.

몬 꾸아 나이 콤 파이 꾸아 런, 밍 몽 반 쎄 틱 노

💬 이 선물은 감사의 표시입니다.

Quà tặng này là biểu hiện lòng biết ơn.

꾸아 땅 나이 라 비에우 히엔 롱 비엣 언

Bài 5 감사의 선물을 받을 때 khi nhận quà biểu thị lòng biết ơn

💬 이건 바로 내가 갖고 싶었던 거예요. 고마워요.

Đây chính là điều tôi muốn. Cảm ơn.

데이 찡 라 디에우 또이 무온　　　　　　깜 언

💬 당신은 정말 세심하시군요!

Anh [chị] thật là người chu đáo!

아인 [찌] 텃 라 응어이 쭈 다오　　　　chu đáo 신중한, 세심한

💬 무엇 때문이죠?

Tặng quà này có ý nghĩa gì?

땅 꾸아 나이 꼬 이 응이어 지

77

💬 선물을 주셔서 정말 감사합니다.
Tôi rất cảm ơn vì đã tặng quà cho tôi.
또이 젓 깜 언 비 다 땅 꾸아 쪼 또이

💬 당신에게 무엇으로 보답하죠?
Tôi báo đáp cho anh [chị] như thế nào?
또이 바오 답 쪼 아인 [찌] 느 테 나오

💬 당신에게 빚을 졌어요.
Tôi nợ tấm chân tình của anh [chị].
또이 너 떰 쩐 띵 꾸어 아인 [찌]   nợ 빚, 빚을 지다

Bài 6 감사 표시에 응답할 때 Biểu hiện đáp trả lòng biết ơn

💬 천만에요.
Không sao.
콤 싸오

💬 아무것도 아니에요.
Không có gì.
콤 꼬 지

💬 오히려 내가 고마워.
Mình cảm ơn bạn nhiều hơn.
밍 깜 언 반 니에우 헌

💬 오히려 제가 더 감사하죠.
Tôi cảm ơn anh [chị] nhiều hơn ạ.
또이 깜 언 아인 [찌] 니에우 헌 아

💬 감사는 제가 드려야 합니다.
Tôi chính là người phải cảm ơn.
또이 찡 라 응어이 파이 깜 언

💬 제가 더 기뻐요.
Tôi vui hơn anh [chị].
또이 부이 헌 아인 [찌]

💬 대단한 것도 아니에요.
Không có gì to tát mà.
콤 꼬 지 또 땃 마   to tát 거대한, 대단한

💬 맘에 들었다니 제가 기뻐요.
Anh [chị] đã hài lòng rồi thì tôi cũng rất vui.
아인 [찌] 다 하이 롬 조이 티 또이 꿍 젓 부이

💬 언제든지 부탁하셔도 됩니다.
Anh [chị] cứ nhờ tôi bất cứ lúc nào cũng được.
아인 [찌] 끄 녀 또이 벗 끄 룩 나오 꿍 드억

💬 제가 도와줄 수 있어서 기뻐요.
Tôi rất vui vì đã có thể giúp anh [chị].
또이 젓 부이 비 다 꼬 테 줍 아인 [찌]

💬 저한테 감사할 것까지는 없어요.
Không cần cảm ơn tôi như thế đâu.
콤 껀 깜 언 또이 느 테 더우

Chương 01 고마움을 나타낼 때

💬 이젠 괜찮습니다. 고마워요.
Bây giờ không sao. Cảm ơn.
버이 져 콤 싸오   깜 언   không sao 괜찮다, 문제없다

💬 저녁을 맛있게 드셨다니 다행이에요.
Anh cảm thấy bữa tối ngon thì may mắn rồi.
아인 깜 터이 브어 또이 응온 티 마이 만 조이

💬 당신에게 신세를 많이 졌어요.
Tôi mắc món nợ ân tình lớn với anh [chị].
또이 막 몬 너 언 띵 런 버이 아인 [찌]

Chương 02 사과·사죄를 할 때 Biểu hiện khi hối lỗi, xin lỗi

약속 시간에 늦을 경우에는 Tôi xin lỗi vì đã muộn.(늦어서 미안해.)라고 합니다. 베트남 사람들은 자신의 잘못을 바로 인정하기보다는 그렇게 행동한 이유를 설명하는 경우가 많으며 사과를 할 때도 웃으며 하는 경우가 많습니다. 사과를 할 때 웃는 것이 한국인의 정서에서는 맞지 않지만, 어색한 상황을 부드럽게 넘기기 위한 베트남 사람들의 문화적 특성이라는 점을 인지할 필요가 있습니다.

Bài 1 사과·사죄를 나타낼 때 Biểu hiện khi hối lỗi, xin lỗi

💬 실례합니다.

Xin lỗi.

씬 로이

💬 미안합니다.

Xin lỗi.

씬 로이

💬 죄송합니다.

Rất xin lỗi ạ.

젓 씬 로이 아

💬 정말 죄송합니다.

Thành thật xin lỗi.

타잉 텃 씬 로이

💬 너에게 사과할게.
Tôi xin lỗi bạn.
또이 씬 로이 반

💬 당신에게 사과드립니다.
Tôi xin lỗi anh [chị] ạ.
또이 씬 로이 아인 [찌] 아

💬 용서해줘.
Tha lỗi cho tôi ạ.
타 로이 쪼 또이 아

Bài 2   행위에 대한 사과·사죄를 할 때 Khi hối lỗi, xin lỗi về hành động

💬 늦어서 미안합니다.
Tôi cảm thấy có lỗi vì đến muộn.
또이 깜 터이 꼬 로이 비 덴 무온   muộn 늦은

💬 일어난 일에 대해 미안하게(유감스럽게) 생각하고 있습니다.
Tôi cảm thấy có lỗi vì việc đã xảy ra.
또이 깜 터이 꼬 로이 비 비엑 다 써이 자

💬 얼마나 죄송한지 모르겠어요.
Tôi không biết xin lỗi bao nhiêu mới đủ.
또이 콤 비엣 씬 로이 바오 니에우 머이 두

💬 어제 일에 대해 미안합니다.
Tôi xin lỗi vì việc hôm qua.
또이 씬 로이 비 비엑 홈 꾸아   hôm qua 어제

💬 귀찮게 해서 미안합니다.
Tôi xin lỗi đã làm phiền.
또이 씬 로이 다 람 피엔

💬 오래 기다리게 해서 미안합니다.
Tôi xin lỗi đã để anh [chị] đợi lâu ạ.
또이 씬 로이 다 데 아인 [찌] 더이 러우 아

💬 답장을 늦게 해서 미안합니다.
Tôi xin lỗi đã trả lời muộn ạ.
또이 씬 로이 다 짜 러이 무온 아

💬 지연에 대해 죄송합니다.
Tôi xin lỗi vì kéo dài thời gian.
또이 씬 로이 비 께오 쟈이 터이 쟌

💬 불편하게 해 드려서 죄송합니다.
Tôi xin lỗi đã gây ra sự bất tiện.
또이 씬 로이 다 거이 자 쓰 벗 띠엔   bất tiện 불편한

💬 유감입니다.
Tôi lấy làm tiếc.
또이 러이 람 띠엑

> **Bài 3**   실수를 범했을 때 Biểu hiện khi có lỗi lầm

💬 미안하지만, 어쩔 수가 없었어요.
Xin lỗi, nhưng tôi không thể làm khác được.
씬 로이, 능 또이 콤 테 람 칵 드억

💬 미안하지만, 제가 깜빡 했어요.
Xin lỗi, tôi quên mất rồi.
씬 로이, 또이 꾸엔 멋 조이

💬 제 잘못이었습니다.
Xin lỗi, đó là lỗi của tôi.
씬 로이, 도 라 로이 꾸어 또이

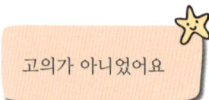
고의가 아니었어요

💬 그럴 생각은 전혀 없었어요.
Tôi không bao giờ không có chủ tâm làm việc đó.
또이 콤 바오 져 콤 꼬 쭈 떰 람 비엑 도

💬 미안하지만, 제가 날짜를 혼동했군요.
Xin lỗi, tôi nhầm ngày.
씬 로이, 또이 념 응아이

nhầm 실수하다

💬 죄송하지만, 제가 사람을 잘못 봤네요.
Xin lỗi, tôi nhầm người.
씬 로이, 또이 념 응어이

💬 제가 잘못 알았어요.
Xin lỗi, tôi biết nhầm.
씬 로이, 또이 비엣 념

💬 제 잘못을 인정해요.
Tôi chấp nhận lỗi của mình.
또이 쩝 년 로이 꾸어 밍

💬 제 잘못이었어요.
Đó là lỗi của tôi.
도 라 로이 꾸어 또이

💬 전 잘못이 없어요.
Tôi không có gì sai.
또이 콤 꼬 지 싸이

💬 당신 잘못이 아니에요.
Đó không phải là lỗi của anh [chị].
도 콤 파이 라 로이 꾸어 아인 [찌]

> **Bài 4** 용서를 구할 때 Khi xin tha lỗi

💬 용서해 주세요.
Tha lỗi cho tôi.
타 로이 쪼 또이

💬 이번 한 번만 용서해 주세요.
Bỏ qua cho tôi một lần này.
보 꾸아 쪼 또이 못 런 나이   một 하나

💬 사과를 하고 싶습니다.
Tôi muốn xin lỗi.
또이 무온 씬 로이

💬 실수에 대해 사과드립니다.
Tôi xin lỗi về sai lầm của tôi.
또이 씬 로이 베 사이 럼 꾸어 또이

💬 늦어서 죄송합니다.
Tôi xin lỗi đã đến muộn.
또이 씬 로이 다 덴 무온

💬 다시는 절대로 이런 일이 없을 거예요.
Sau này việc như thế sẽ không bao giờ xảy ra nữa.
사우 나이 비엑 느 테 쎄 콤 바오 져 써이 자 느어

💬 한 번만 기회를 더 주세요.
Hãy cho tôi một cơ hội nữa.
하이 쪼 또이 못 꺼 호이 느어

💬 제가 한 일에 대해 용서해 주세요.
Xin tha lỗi cho việc làm của tôi.
씬 타 로이 쪼 비엑 람 꾸어 또이

💬 약속을 지키지 못한 걸 용서해 주세요.
Xin bỏ qua cho việc lỡ hẹn của tôi.
씬 보 꾸아 쪼 비엑 러 핸 꾸어 또이   hẹn 약속하다

> **Bài 5**　사과·사죄에 대한 응답 Đáp trả lời xin lỗi

💬 괜찮아요.
Không sao.
콤 싸오

💬 상관없어요.
Không có gì.
콤 꼬 지

💬 걱정하지 마세요.
Anh [chị] đừng lo lắng.
아인 [찌] 등 로 랑   lo lắng 걱정하다

💬 걱정 마.
Đừng lo lắng.
등 로 랑

💬 문제없어요.
Không có vấn đề gì cả.
콤 꼬 번 데 지 까

💬 당신의 사과를 받아들이죠.
Tôi chấp nhận lời xin lỗi của anh [chị].
또이 쩝 년 러이 씬 로이 꾸어 아인 [찌]

💬 잊어버려, 우린 친구잖아.
Thôi, bỏ đi, chúng ta là bạn mà.
토이, 보 디, 쭝 따 라 반 마   bạn 친구

💬 사과드릴 사람은 바로 저예요.
Chính tôi mới là người phải xin lỗi.
찡 또이 머이 라 응어이 파이 씬 로이

Chương 03 축하와 환영을 할 때
Khi chúc mừng và chào mừng

'축하합니다'의 뜻을 가진 Chúc mừng은 베트남어에서 자주 쓰이는 표현이면서 활용하기 무척 쉬운 표현이기도 합니다. 축하하는 대상을 뒤에 붙여줌으로써 쉽고 광범위하게 사용할 수 있습니다. 생일을 뜻하는 sinh nhật을 붙여 Chúc mừng sinh nhật!(생일 축하해!)라는 표현을 할 수 있으며 새해 인사는 새해를 의미하는 năm mới를 붙여 Chúc mừng năm mới.(새해 축하해, 새해 복 많이 받아)라고 말하면 됩니다.

Bài 1 축하할 때 Khi chúc mừng

💬 마침내 해냈군요. 축하합니다!
Cuối cùng anh [chị] đã hoàn thành. Xin chúc mừng!
꾸오이 꿍 아인 [찌] 다 호안 타잉   씬 쭉 믕

💬 승진을 축하합니다!
Chúc mừng anh [chị] đã thăng chức!
쭉 믕 아인 [찌] 다 탕 쯕   chúc mừng 축하하다

💬 생일을 축하합니다!
Chúc mừng sinh nhật!
쭉 믕 씽 녓

💬 서프라이즈! 생일 축하해!
Ngạc nhiên chưa! Chúc mừng sinh nhật!
응악 니엔 쯔어   쭉 믕 씽 녓

💬 결혼을 축하합니다!
Chúc mừng hạnh phúc nhé!
쭉 믕 하잉 푹 녜

💬 결혼 1주년을 축하합니다!
Chúc mừng kỷ niệm 1 năm ngày cưới nhé!
쭉 믕 끼 니엠 못 남 응아이 끄어이 녜

💬 두 사람 다 행복하시길 바래요!
Tôi chúc hai bạn hạnh phúc!
또이 쭉 하이 반 하잉 푹   hạnh phúc 행복한

💬 네가 임신했다고? 축하해!
Bạn [Chị] đang có bầu à? Xin chúc mừng!
반 [찌] 당 꼬 버우 아   씬 쭉 믕

💬 출산을 축하합니다!
Chúc mừng mẹ tròn con vuông!
쭉 믕 메 쫀 꼰 부옹

💬 아주 기쁘시겠어요.
Chắc là vui lắm.
짝 라 부이 람

💬 승리를 축하합니다!
Chúc mừng thắng lợi!
쭉 믕 탕 러이

💬 축하합니다! 선물이에요.
Chúc mừng! Đây là quà tặng cho anh [chị].
쭉 믕　　　　데이 라 꾸아 땅 쪼 아인 [찌]

💬 우리의 승리를 자축합시다!
Hãy ăn mừng thắng lợi của chúng ta!
하이 안 믕 탕 러이 꾸어 쭝 따　　　　　　　thắng lợi 승리

💬 성공을 축하드립니다!
Chúc mừng thành công!
쭉 믕 타잉 꽁

💬 취업을 축하합니다!
Chúc mừng xin việc thành công!
쭉 믕 씬 비엑 타잉 꽁

💬 성공하셨네요!
Anh [Chị] thành công rồi.
아인 [찌] 타잉 꽁 조이

💬 잘했어요!
Rất giỏi!
젓 죠이

> **Bài 2**　축복을 기원할 때 Lời chúc phúc và cầu nguyện

💬 새해 복 많이 받으세요!
Chúc mừng năm mới!
쭉 믕 남 머이　　　　　　　　　　　năm mới 새해

💬 새해에는 모든 행운이 깃들기를 바랍니다.
　　Chúc mừng năm mới có nhiều may mắn.
　　쭉 믕 남 머이 꼬 니에우 마이 만

💬 더 나은 해가 되길 바랍니다!
　　Năm mới gặp nhiều điều tốt đẹp hơn nhé!
　　남 머이 갑 니에우 디에우 똣 뎁 헌 녜

💬 당신에게 신의 축복이 있기를!
　　Tôi xin chúc anh [chị] những điều tốt lành nhất!
　　또이 씬 쭉 아인 [찌] 능 디에우 똣 라잉 녓

💬 모든 일이 잘되길 바래요.
　　Chúc anh [chị] thành công trong mọi công việc.
　　쭉 아인 [찌] 타잉 꽁 쫑 모이 꽁 비엑

💬 행운을 빕니다.
　　Chúc anh [chị] luôn may mắn.
　　쭉 아인 [찌] 루온 마이 만
　　　　　　　　　　　　　　　　may mắn 행운

💬 항상 행복하세요.
　　Chúc hai vợ chồng luôn hạnh phúc.
　　쭉 하이 버 쫑 루온 하잉 푹

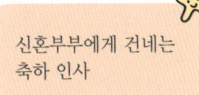
신혼부부에게 건네는 축하 인사

💬 즐거운 명절 되세요!
　　Chúc anh [chị] đón tết vui vẻ!
　　쭉 아인 [찌] 돈 뗏 부이 배

💬 즐거운 발렌타인데이예요!
Chúc mừng ngày Lễ tình nhân!
쭉 믕 응아이 레 띵 년

💬 행복하시길 바랍니다.
Chúc anh [chị] luôn hạnh phúc.
쭉 아인 [찌] 루온 하잉 푹

💬 성공하길 바랍니다.
Chúc anh [chị] thành công.
쭉 아인 [찌] 타잉 꽁   thành công 성공하다

💬 메리 크리스마스!
Chúc mừng Giáng sinh!
쭉 믕 쟝 싱

Bài 3 환영할 때 Khi đón tiếp

💬 환영합니다.
Xin chào mừng các anh [chị].
씬 짜오 믕 깍 아인 [찌]

💬 같이 일하게 되어 반갑습니다.
Tôi rất vui được cùng làm với anh [chị].
또이 젓 부이 드억 꿍 람 버이 아인 [찌]

💬 저의 집에 오신 것을 환영합니다.
Xin chào đón các anh [chị] đã đến nhà tôi chơi.
씬 짜오 돈 깍 아인 [찌] 다 덴 냐 또이 쩌이   nhà 집

💬 한국에 오신 것을 환영합니다.
Xin chào mừng các anh [chị] đã đến Hàn Quốc.
씬 짜오 믕 깍 아인 [찌] 다 덴 한 꿕

💬 이곳이 마음에 들기를 바랍니다.
Tôi mong muốn anh [chị] thích nơi này ạ.
또이 몽 무온 아인 [찌] 틱 너이 나이 아

💬 당신과 함께 일하길 고대하고 있습니다.
Tôi mong muốn cùng làm với anh [chị].
또이 몽 무온 꿍 람 버이 아인 [찌]

💬 당신과 함께 일하게 돼서 영광입니다.
Tôi rất hân hạnh được cùng làm với anh [chị].
또이 젓 헌 하잉 드억 꿍 람 버이 아인 [찌]

💬 박 씨에게 큰 박수를 부탁드립니다.
Xin quý vị dành một tràng pháo tay nhiệt liệt cho anh Park.
씬 꾸이 비 자잉 못 짱 파오 따이 니엣 리엣 쪼 아인 빡

Chương 04 초대를 할 때 Khi mời khách

상대를 초대하고 싶을 때는 보통 Anh [Chị] có thời gian (rảnh) không?(시간 있으세요?)라고 묻습니다. 베트남에서는 초대를 받았을 때 보통 과일이나 쿠키 같은 간단한 과자들을 사들고 갑니다. 초대해준 사람에 따라 때로는 술을 사가기도 한답니다.

Bài 1 초대할 때 Khi mời

💬 오늘 저녁에 시간 있어?
Tối nay bạn có thời gian không?
또이 나이 반 꼬 터이 잔 콤   thời gian 시간

💬 이번 주말에 뭐 할 거야?
Cuối tuần này bạn làm gì?
꾸오이 뚜언 나이 반 람 지

💬 이번 일요일에 무슨 계획 있어?
Chủ nhật này bạn có kế hoạch gì không?
쭈 녓 나이 반 꼬 께 화익 지 콤

💬 우리 집에 점심 먹으러 와!
Bạn đến nhà mình ăn trưa nhé!
반 덴 냐 밍 안 쯔어 녜   trưa 낮

💬 내 생일 파티에 오지 않을래?
Bạn đến tiệc sinh nhật của mình chứ?
반 덴 띠엑 씽 녓 꾸어 밍 쯔

💬 나와 함께 우리 집에서 저녁 먹을래?
Bạn ăn tối ở nhà mình không?
반 안 또이 어 냐 밍 콤

Bài 2   초대에 응할 때 Đáp trả lời mời

💬 좋은 생각이에요.
Ý tưởng rất hay.
이 뜨엉 젓 하이   ý tưởng 생각

💬 기꺼이 그렇게 할게요!
Tôi cứ làm như vậy nhé!
또이 끄 람 느 버이 녜

💬 그거 아주 좋겠는데요.
Cái đó mình rất thích.
까이 도 밍 젓 틱

💬 멋진데요.
Tuyệt vời quá.
뚜옛 버이 꾸아

💬 저는 좋아요.
Tôi rất thích.
또이 젓 틱

💬 저를 초대해 주셔서 고마워요.
Tôi rất cảm ơn vì đã mời tôi.
또이 젓 깜 언 비 다 머이 또이

💬 초대에 감사드립니다.
Tôi cảm ơn nhiều vì đã có lời mời.
또이 깜 언 니에우 비 다 꼬 러이 머이

> **Bài 3** 초대에 응할 수 없을 때 Lời từ chối khi không thể tham gia

💬 죄송하지만, 그럴 수 없어요.
Rất tiếc nhưng tôi không được.
젓 띠엑 능 또이 콤 드억

💬 죄송하지만, 그럴 수 없을 것 같아요.
Rất tiếc nhưng tôi chắc là không được.
젓 띠엑 능 또이 짝 라 콤 드억

💬 죄송하지만, 해야 할 일이 있어서요.
Rất tiếc nhưng tôi có việc phải làm.
젓 띠엑 능 또이 꼬 비엑 파이 람

💬 못 가게 돼서 참 유감입니다.
Rất tiếc tôi không thể đi được.
젓 띠엑 또이 콤 테 디 드억

tiếc 유감스러운

💬 그러고 싶지만, 오늘 밤은 이미 다른 계획이 있어요.

Tôi cũng rất muốn nhưng tối nay tôi có kế hoạch khác rồi.

또이 꿍 젓 무온 능 또이 나이 또이 꼬 께 화익 칵 조이

💬 정말 그러고 싶지만 오늘은 안 돼요.

Tôi rất muốn nhưng hôm nay không được.

또이 젓 무온 능 홈 나이 콤 드억

💬 오늘 저녁은 불가능합니다. 왜냐하면 다른 약속이 있어서요.

Tối này không được vì tôi có hẹn khác rồi.

또이 나이 콤 드억 비 또이 꼬 핸 칵 조이

💬 내일은 안 되는데, 다른 날은 안 될까요?

Ngày mai tôi không được, ngày khác có được không?

응아이 마이 또이 콤 드억, 응아이 칵 꼬 드억 콤

Chương 05 방문을 할 때 Khi đến thăm

방문객을 현관에서 맞이할 경우에는 우선 (Xin) mời vào.(어서오세요, 들어오세요.)라고 인사를 하며 손님을 집안으로 안내합니다. 그리고 나서 (Xin) mời ngồi.(앉으세요.)라고 자리를 안내한 후 mời uống trà hay cà phê?(차를 드시겠어요, 커피를 드시겠어요?)라며 차나 커피를 권합니다. 식사 시간인 경우에는 바로 식사를 권하기도 합니다.

Bài 1 손님을 맞이할 때 Tiếp đón khách

💬 초대해 줘서 고마워요.
Tôi cảm ơn anh [chị] đã mời tôi.
또이 깜 언 아인 [찌] 다 머이 또이

💬 들어오세요.
Xin mời anh [chị] vào đây.
씬 머이 아인 [찌] 바오 데이   vào 들어오다

💬 어서오세요.
Xin mời vào.
씬 머이 바오

💬 여기 앉으세요.
Mời anh [chị] ngồi đây ạ.
머이 아인 [찌] 응오이 데이 아   ngồi 앉다

💬 여기 와서 앉으세요!
Anh [Chị] ngồi đây nhé!
아인 [찌] 응오이 데이 녜

💬 우리 집에 방문해 줘서 고마워요.
Tôi cảm ơn anh [chị] đã đến nhà tôi.
또이 깜 언 아인 [찌] 다 덴 냐 또이

💬 여기 조그만 선물 가져 왔어요.
Tôi có món quà nhỏ gọi là.
또이 꼬 몬 꾸아 뇨 고이 라

💬 와인 한 병을 가져 왔어요.
Tôi mang đến một chai rượu vang đây.
또이 망 덴 못 짜이 지에우 방 데이

💬 편히 계세요.
Anh [Chị] cứ tự nhiên đi ạ.
아인 [찌] 끄 뜨 니엔 디 아   tự nhiên 부담없이, 편하게

Bài 2 음료와 식사를 대접할 때 Khi mời ăn cơm và uống

💬 뭐 좀 마실래?
Bạn uống gì không?
반 우옹 지 콤

💬 뭐 좀 마시겠어요?
Anh [Chị] uống gì không?
아인 [찌] 우옹 지 콤

💬 저녁 식사 준비가 다 되었어요.
Bữa tối chuẩn bị xong rồi.
브어 또이 쭈언 비 쏭 조이

💬 담배 피워도 될까요?
Tôi hút thuốc lá được không?
또이 훗 투옥 라 드억 콤

💬 많이 드세요!
Mời anh [chị] ăn nhiều nhé!
머이 아인 [찌] 안 니에우 녜

nhiều 많이

💬 훌륭한 저녁식사였어요.
Bữa tối tuyệt vời quá.
브어 또이 뚜옛 버이 꾸아

> **Bài 3** 방문을 마칠 때 Khi kết thúc cuộc viếng thăm

💬 이제 그만 가 봐야겠어요.
Bây giờ tôi cần đi.
버이 져 또이 껀 디

💬 아이고, 너무 늦었네요. 이제 갈게요!
Ôi, muộn quá rồi. Tôi về nhé!
오이, 무온 꾸아 조이   또이 베 녜

💬 이만 돌아가봐야겠네요.
Đến đây thôi vì tôi phải về rồi.
덴 데이 토이 비 또이 파이 베 조이

💬 아주 즐거웠어요.

Tôi đã rất vui.

또이 다 젓 부이   rất 매우

💬 언제든 오고 싶을 때 오세요!

Khi nào muốn thì cứ đến nhà tôi nhé!

키 나오 무온 티 끄 덴 냐 또이 녜

💬 다음에는 꼭 우리 집에 초대할게요.

Lần sau chắc chắn tôi sẽ mời anh [chị] đến nhà tôi.

런 사우 짝 짠 또이 쎄 머이 아인 [찌] 덴 냐 또이

약속을 할 때 Khi hẹn gặp

약속과 관련된 문장들은 일상생활에서 가장 사용 빈도가 높은 실용적인 표현입니다. 베트남에서는 Ngày mai được không?(내일 괜찮으십니까?) 과 같이 어느 정도의 시간을 먼저 염두에 둔 후 상대방도 가능한지 물어보는 편입니다. 약속을 할 때 시간과 장소는 상대방의 사정에 맞추는 것이 일반적입니다. 특히 날짜나 시간을 정확히 기억해 두고 잘못 들었을 경우도 있으므로 되물어 재차 확인해 두는 것이 좋습니다.

Bài 1 약속을 청할 때 Khi muốn đặt hẹn

💬 오늘 시간 있니?

Hôm nay bạn có thời gian không?

홈 나이 반 꼬 터이 쟌 콤

💬 내일 시간 있으세요?

Ngày mai anh [chị] có thời gian không?

응아이 마이 아인 [찌] 꼬 터이 쟌 콤

💬 잠깐 얘기할 수 있어요?

Chúng ta nói chuyện với nhau một tí được không?

쭝 따 노이 쮸옌 버이 냐우 못 띠 드억 콤

💬 내일 만날까요?
Ngày mài chúng ta gặp thế nào?
응아이 마이 쭝 따 갑 테 나오

ngày mai 내일

💬 언제 한번 만나요!
Khi nào có dịp gặp nhau 1 lần nhé!
키 나오 꼬 집 갑 냐우 못 런 녜

💬 이번 토요일에 나와 함께 영화 보러 갈래?
Thứ 7(bẩy) này bạn có đi xem phim với mình không?
트 버이 나이 반 꼬 디 쌤 핌 버이 밍 콤

> **Bài 2**   스케줄을 확인할 때 Kiểm tra lại kế hoạch

💬 이번 주 스케줄을 확인해 볼게요.
Tôi sẽ kiểm tra lại kế hoạch của tuần này.
또이 쎄 끼엠 짜 라이 께 화익 꾸어 뚜언 나이

💬 스케줄 확인해 보고 알려 줄게요.
Tôi sẽ xem lại kế hoạch rồi báo lại cho anh [chị].
또이 쎄 쌤 라이 께 화익 조이 바오 라이 쪼 아인 [찌]

💬 그날은 약속이 없어요.
Ngày đó tôi chưa có hẹn.
응아이 도 또이 쯔어 꼬 핸

💬 오늘 오후는 한가해요.
Chiều nay tôi rảnh.
찌에우 나이 또이 자잉

rảnh 한가한

💬 3시 이후 2시간 정도 시간이 있어요.
Sau 3(ba) giờ, tôi rảnh khoảng 2(hai) tiếng.
싸우 바 져, 또이 자잉 코앙 하이 띠엥

💬 다음 주에는 시간이 될 것 같아요.
Tuần sau thì tôi có thời gian.
뚜언 싸우 티 또이 꼬 터이 쟌

> **Bài 3** 약속 제안에 응답할 때 Trả lời xác nhận lịch hẹn

💬 좋아요, 시간 괜찮아요.
Được, tôi có thời gian.
드억, 또이 꼬 터이 쟌

💬 좋아요, 전 좋아요.
Được, tôi thích.
드억, 또이 틱

💬 이번 주말엔 특별한 계획이 없어요.
Cuối tuần này tôi không có kế hoạch gì đặc biệt.
꾸오이 뚜언 나이 또이 콤 꼬 께 화익 지 닥 비엣

💬 미안하지만, 제가 오늘 좀 바빠서요.
Xin lỗi, hôm nay tôi khá bận.
씬 로이, 홈 나이 또이 카 번

bận 바쁜

104

💬 미안하지만, 오늘은 다른 약속이 있어요.
Xin lỗi, hôm nay tôi có hẹn khác.
씬 로이, 홈 나이 또이 꼬 핸 칵

💬 전 평일에는 아무 때나 다 좋아요.
Vào ngày thường thì lúc nào tôi cũng được.
바오 응아이 트엉 티 룩 나오 또이 꿍 드억   ngày thường 평일

💬 다음 주에 만나면 안 될까요?
Chúng ta gặp vào tuần sau được không?
쭝 따 갑 바오 뚜언 싸우 드억 콤

> **Bài 4**   약속 시간과 장소를 정할 때 Xác nhận thời gian và địa điểm hẹn

💬 몇 시가 좋으세요?
Mấy giờ tiện cho anh [chị]?
머이 져 띠엔 쪼 아인 [찌]   giờ 시

💬 언제 만나면 될까요?
Mấy giờ chúng ta gặp được?
머이 져 쭝 따 갑 드억

💬 몇 시에 시간이 되세요?
Mấy giờ anh [chị] được ạ?
머이 져 아인 [찌] 드억 아

💬 3시는 괜찮아요?
3(ba) giờ anh [chị] có được không?
바 져 아인 [찌] 꼬 드억 콤

💬 어디에서 만날까요?

Chúng ta gặp ở đâu?

쭝 따 갑 어 더우

💬 대성당에서 1시에 만나요!

Chúng ta gặp ở Nhà thờ lớn lúc 1(một) giờ nhé!

쭝 따 갑 어 냐 터 런 룩 못 져 네

> **Bài 5** 약속을 변경하거나 취소할 때 Thay đổi hoặc hủy lịch hẹn

💬 1시간 뒤에 만나도 될까요?

Sau 1(một) tiếng nữa chúng ta gặp được không?

싸우 못 띠엥 느어 쭝 따 갑 드억 콤

💬 미안하지만, 약속을 취소해야겠어요.

Tôi xin lỗi, nhưng tôi đành phải hủy hẹn.

또이 씬 로이, 능 또이 다잉 파이 후이 핸

💬 약속을 다음 주로 변경해도 될까요?

Chúng ta có thể chuyển hẹn sang tuần sau được không?

쭝 따 꼬 테 쭈옌 핸 쌍 뚜언 싸우 드억 콤

💬 미안하지만, 약속에 못 나갈 것 같아요.

Tôi xin lỗi, nhưng tôi không thể đi đến nơi hẹn được.

또이 씬 로이, 능 또이 콤 테 디 덴 노이 핸 드억

Chương 07 식사를 제의 할 때 Khi mời đi ăn

음식을 먹기 전에 Tôi rất thích món này!(이 요리는 제가 좋아하는 요리예요!)라고 말한다면 무척 기뻐할 것입니다. 그리고 한 입 먹고 나서 Món này ngon quá!(이거 정말 맛있군요!)라고 말한 후에 Món ăn này nấu như thế nào?(이 요리는 어떻게 만드나요?) 등으로 요리 만드는 방법을 묻는다면 분위기가 훨씬 좋아질 것입니다.

Bài 1   식사를 제의할 때 Khi mời đi ăn

💬 우리 점심 식사 같이 하지 않을래요?
Chúng ta cùng đi ăn trưa thế nào?
쭝 따 꿍 디 안 쯔어 테 나오

💬 오늘 밤 저와 저녁 식사 같이 할래요?
Tối nay anh [chị] đi ăn tối với tôi được không?
또이 나이 아인 [찌] 디 안 또이 버이 또이 드억 콤

💬 같이 점심 먹을래?
Bạn cùng đi ăn trưa với mình không?
반 꿍 디 안 쯔어 버이 밍 콤

💬 오늘 저녁에 외식하자!
Tối nay chúng ta đi ăn ngoài nhé!
또이 나이 쭝 따 디 안 응와이 녜

ngoài 밖

💬 나가서 뭐 먹는 건 어때?
Chúng ta đi ăn ngoài thế nào?
쭝 따 디 안 응와이 테 나오

💬 점심 먹으러 나갑시다!
Chúng ta đi ăn trưa nhé!
쭝 따 디 안 쯔어 녜   ăn 먹다

💬 뭐 좀 간단히 먹어요!
Anh [Chị] ăn nhẹ gì nhé!
아인 [찌] 안 녜 지 녜

💬 언제 만나서 밥이나 같이 먹어요!
Khi nào mà chúng ta gặp nhau và đi ăn nhé!
키 나오 마 쭝 따 갑 냐우 바 디 안 녜

💬 뭐 좀 먹지 않을래?
Bạn ăn gì không?
반 안 지 콤

💬 맥주 하러 가자!
Đi uống bia nhé!
디 우옹 비아 녜   uống 마시다

Bài 2 자신이 계산하려고 할 때 Khi chủ động trả tiền

💬 계산서 부탁합니다!
Đưa hóa đơn cho tôi nhé!
드어 호아 던 쪼 또이 녜

💬 여기 계산해 주세요!
Tính tiền cho tôi nhé!
띵 띠엔 쪼 또이 녜

tính 계산하다

💬 제가 다 낼게요.
Tôi mời anh [chị].
또이 머이 아인 [찌]

💬 오늘은 제가 한 턱 낼게요!
Hôm nay tôi sẽ mời anh [chị] nhé!
홈 나이 또이 쎄 머이 아인 [찌] 녜

💬 내가 낼 차례야.
Lần này mình mời bạn.
런 나이 밍 머이 반

💬 내가 점심 살게!
Mình mời bữa trưa nhé!
밍 머이 브어 쯔어 녜

💬 각자 냅시다!
Trả tiền chung nhé!
짜 띠엔 쭝 녜

💬 잔돈은 가지세요.
Tiền lẻ không cần trả lại.
띠엔 레 콤 껀 짜 라이

tiền lẻ 잔돈

💬 내가 커피 살게!
Mình mời bạn cà phê nhé!
밍 머이 반 까 페 녜

💬 넌 걱정 마. 내가 낼게.
Bạn đừng lo. Mình mời bạn.
반 등 로 밍 머이 반

Phần 03

Vietnamese Conversation for Beginners

유창한 대화를 위한 표현
Biểu hiện nói chuyện tự nhiên
비에우 히엔 노이 쭈옌 뜨 니엔

01. 질문을 할 때
02. 응답을 할 때
03. 맞장구를 칠 때
04. 되물음과 이해를 나타낼 때
05. 제안과 권유를 할 때
06. 부탁을 할 때
07. 대화를 시도할 때
08. 대화의 연결과 진행
09. 주의와 충고를 할 때

베트남어에서는 anh [chị]가 오빠, 형 [언니], 누나와 같은 손윗사람을 가리키는 동시에 영어의 Mister(Mr.), Miss와 같은 경칭으로도 사용됩니다. 대상의 나이와 지위에 따라 ông(할아버지) 또는 bà(할머니)가 사용되기도 합니다.

질문을 할 때 Khi hỏi

상대가 한 말을 정확하게 알아들었는지 확인하기 위해서는 의문사를 효과적으로 사용하면 됩니다. 예를 들어, 대화의 내용이 장소에 관한 것임을 짐작을 통해 알 수 있지만, 분명하지 않을 때 ở đâu?(어디입니까?)라고 하면 다시 한번 반복해서 말해 줄 겁니다. 그밖에 ai?(누구), khi nào / bao giờ?(언제?), gì?(무엇?), sao?(왜?), (làm) thế nào?(어떻게?) 등을 사용해보세요.

Bài 1 질문을 할 때 Khi hỏi

💬 질문이 하나 있어요.

Tôi có một câu hỏi.

또이 꼬 못 꺼우 호이   câu hỏi 질문

💬 질문 하나 해도 될까요?

Tôi hỏi một câu hỏi được không?

꼬이 호이 못 꺼우 호이 드억 콤

💬 사적인 질문을 하나 해도 될까요?

Tôi hỏi một câu hỏi mang tính chất riêng tư được không ạ?

또이 호이 못 꺼우 호이 망 띵 쩟 리엥 뜨 드억 콤 아

💬 구체적인 질문 몇 가지를 드리겠습니다.
Tôi hỏi mấy câu hỏi cụ thể.
또이 호이 머이 꺼우 호이 꾸 테

💬 누구한테 물어봐야 하죠?
Tôi hỏi ai ạ?
또이 호이 아이 아

💬 이건 무엇을 의미해요?
Đây [Cái] này nghĩa là gì ạ?
데이 [까이] 나이 응이어 라 지 아   nghĩa 의미

💬 이것을 베트남어로 어떻게 말해요?
Cái này tiếng Việt gọi là gì ạ?
까이 나이 띠엥 비엣 고이 라 지 아

💬 이 단어를 어떻게 발음해요?
Từ này tiếng Việt phát âm như thế nào?
뜨 나이 띠엥 비엣 팟 엄 느 테 나오   phát âm 발음, 발음하다

💬 그건 무엇으로 만든 거예요?
Cái kia được làm bằng gì?
까이 끼어 드억 람 방 지

💬 질문할 게 많이 있어요.
Tôi có nhiều câu hỏi.
또이 꼬 니에우 꺼우 호이

💬 그건 무엇에 쓰는 거죠?
Cái kia để làm gì?
까이 끼어 데 람 지

💬 질문을 잘 들으세요!
Anh [Chị] nghe câu hỏi kỹ nhé!
아인 [찌] 응에 꺼우 호이 끼 녜

💬 내 질문에 대답해 주세요.
Xin anh [chị] trả lời câu hỏi của tôi.
씬 아인 [찌] 짜 러이 꺼우 호이 꾸어 또이

💬 답을 말해 보세요.
Anh [Chị] hãy trả lời.
아인 [찌] 하이 짜 러이

💬 질문 있나요?
Anh [Chị] có câu hỏi gì không?
아인 [찌] 꼬 꺼우 호이 지 콤

Bài 2 질문에 답변할 때 Khi đáp lời

💬 좋은 질문이에요.
Câu hỏi hay.
꺼우 호이 하이

💬 더 이상 묻지 마세요.
Anh [Chị] có thể không hỏi thế được không.
아인 [찌] 꼬 테 콤 호이 테 드억 콤

114

💬 질문 없어요.
Tôi không có câu hỏi.
또이 콤 꼬 꺼우 호이

💬 답변하고 싶지 않아요.
Tôi có thể không trả lời câu này không.
또이 꼬 테 콤 짜 러이 꺼우 나이 콤

💬 뭐라고 대답해야 좋을지 모르겠어요.
Tôi không biết trả lời như thế nào.
또이 콤 비엣 짜 러이 느 테 나오   trả lời 대답하다, 답변하다

💬 모르겠어요.
Tôi không biết.
또이 콤 비엣

💬 전혀 모르겠어요.
Tôi không biết gì cả.
또이 콤 비엣 지 까

Chương 01 질문을 할 때

Chương 02 응답을 할 때 Trả lời

짧은 말로 찬성하고 싶을 때는 đúng rồi!(맞아요!), đồng ý!(동의해요!) 등으로 표현하는데, 이것은 모두 강한 긍정을 나타냅니다. 상대가 한 말을 찬성할 수 없을 때는 확실히 그것을 전달하지 않으면 안 됩니다. 잠자코 듣고 있으면 찬성으로 받아들일 수도 있기 때문입니다. Không phải(아니에요, 그렇지 않아요!)라고 자신의 입장을 밝히는 게 좋습니다.

Bài 1 긍정의 마음을 전할 때 Biểu thị thái độ tích cực

💬 네.

Vâng.
벙

vâng 동의의 대답

💬 좋아요.

Được. / Tốt.
드억   똣

💬 정말 좋아요.

Rất thích.
젓 틱

💬 알겠습니다.

Vâng ạ.
벙 아

💬 맞습니다.
Anh [Chị] nói đúng rồi ạ.
아인 [찌] 노이 둥 조이 아

💬 알겠습니다.
Tôi hiểu rồi ạ.
또이 히에우 조이 아

이해했어요

💬 네, 부탁합니다.
Dạ vâng, Xin nhờ anh [chị].
쟈 벙, 씬 녀 아인 [찌]

💬 네, 그렇게 합시다!
Dạ vâng, làm như thế nhé!
쟈 벙, 람 느 테 녜

💬 전적으로 그렇습니다.
Hoàn toàn đúng như thế.
호안 또안 둥 느 테

hoàn toàn 전적으로

💬 물론이죠.
Tất nhiên.
떳 니엔

💬 기꺼이 할게요.
Tôi làm rất thoải mái.
또이 람 젓 토아이 마이

💬 그렇게 생각해요.
Tôi cũng suy nghĩ như thế.
또이 꾸응 쑤이 응이 느 테

suy nghĩ 생각하다

💬 저도 당신과 동의해요.
Tôi đồng ý với anh [chị].
또이 동 이 버이 아인 [찌]

💬 같은 의견입니다.
Ý kiến của tôi cũng như anh [chị].
이 끼엔 꾸어 또이 꿍 느 아인 [찌]

như 비슷한, 같게

💬 그렇군요.
Thế ạ.
테 아

Bài 2   부정의 마음을 전할 때 Khi bày tỏ sự phủ định

💬 아니요.
Không ạ.
콤 아

💬 한 번도 그런 적 없어요.
Tôi chưa bao giờ làm như vậy.
또이 쯔어 바오 져 람 느 버이

💬 아니요, 괜찮아요.
Không, tôi không sao.
콤, 또이 콤 싸오

118

💬 아니, 지금은 됐어요.
　　Không, bây giờ không được.
　　콤, 버이 져 콤 드억

안 됩니다

💬 그건 몰랐어요.
　　Tôi chưa biết điều đó.
　　또이 쯔어 비엣 디에우 도

💬 그건 금시초문이에요.
　　Tôi chưa bao giờ biết điều đó.
　　또이 쯔어 바오 져 비엣 디에우 도

💬 그렇지 않아요.
　　Không phải.
　　콤 파이

💬 그렇게 생각하지 않아요.
　　Tôi không suy nghĩ như vậy.
　　또이 콤 쑤이 응이 느 버이

💬 괜찮아요.
　　Tôi không sao.
　　또이 콤 싸오

💬 아무것도 아니에요.
　　Không có gì.
　　콤 꼬 지

💬 아직요.
Chưa.
쯔어

💬 물론 아니죠.
Tất nhiên không.
떳 니엔 콤   tất nhiên 물론

Bài 3 불확실·의심의 마음을 전할 때 Tình huống chưa chắc chắn hoặc còn nghi ngại

💬 있을 수 있어요.
Có thể. / Có lẽ.
꼬 테   꼬 레

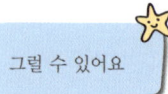
그럴 수 있어요

💬 그럴지도 모르겠네요...
Có thể như vậy...
꼬 테 느 버이

💬 아마도...
Có lẽ...
꼬 레

💬 그렇대요...
Tôi nghe nói là...
또이 응에 노이 라

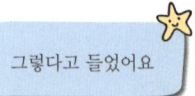
그렇다고 들었어요

💬 그러길 바래요.
Tôi mong muốn như vậy.
또이 몽 무온 느 버이

💬 그건 경우에 따라 다릅니다.
Điều đó tùy tình hình.
디에우 도 뚜이 띵 힝

tùy ~에 따라

💬 어쩐지...
Thảo nào...
타오 나오

의심스러운데요

💬 믿을 수 없어.
Tôi không thể tin được.
또이 콤 테 띤 드억

💬 정말로?
Thật à?
텃 아

💬 진심이세요?
Anh [Chị] thật lòng ạ?
아인 [찌] 텃 롱 아

💬 제 말 이해돼요?
Anh [Chị] có hiểu tôi đang nói gì không?
아인 [찌] 꼬 히에우 또이 당 노이 지 콤

💬 이상하게 들리네요.
Nghe có vẻ lạ.
응에 꼬 배 라

Chương 03 맞장구를 칠 때 Biểu hiện sự đồng ý

상대가 한 말을 긍정적으로 받아들이고 싶을 때는 Đúng rồi.(맞습니다.) 혹은 Tất nhiên.(물론이죠.) 등으로 말합니다. 또한 부정하고 싶은 때는 Tôi không suy nghĩ như thế(나는 그렇게 생각하지 않아요.) / Không bao giờ.(절대로 그렇지는 않습니다.) 등으로 표현하면 됩니다. 상대의 말에 놀랐을 때는 Không thể tin được!(믿을 수 없어요!) / đừng nói đùa!(농담 마세요!) 등을 씁니다.

Bài 1 확실하게 맞장구를 칠 때 Khi bày tỏ sự đồng lòng

💬 맞는 말씀입니다.

Anh [Chị] nói đúng.

아인 [찌] 노이 둥

💬 맞아요.

Đúng rồi.

둥 조이

> 올바른, 정확한

💬 바로 그겁니다.

Dạ đúng đấy.

쟈 둥 더이

💬 그렇습니다.

Dạ vâng như thế ạ.

쟈 벙 느 테 아

💬 그럼요.
   Đương nhiên rồi.
   드엉 니엔 조이

💬 확신해요. (확실해요.)
   Tôi tin thật.
   또이 띤 텃

💬 전적으로 동의해요.
   Tôi hoàn toàn đồng ý.
   또이 호안 또안 동 이

💬 저도요.
   Tôi cũng vậy.
   또이 꿍 버이

vậy 그와 같이

💬 저도 그렇게 생각해요.
   Tôi cũng suy nghĩ như vậy.
   또이 꿍 쑤이 이 느 버이

💬 맞아요, 바로 그거예요.
   Đúng rồi, chính là đó.
   둥 조이, 찡 라 도

💬 네, 그렇고말고요.
   Đúng, như vậy chứ.
   둥, 느 버이 쯔

💬 그게 바로 제가 말하려던 겁니다.
Đó là ý tôi định nói.
도 라 이 또이 딩 노이

💬 아주 좋은 생각입니다.
Ý kiến của anh [chị] hay lắm.
이 끼엔 꾸어 아인 [찌] 하이 람

💬 그러니까요!
Vì như thế đấy!
비 느 테 더이

💬 그렇고말고!
Chắc chắn vậy rồi!
짝 짠 버이 조이

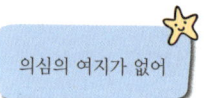
의심의 여지가 없어

💬 네, 진짜 그래요.
Vâng, thật như thế ạ.
벙, 텃 느 테 아

Bài 2 애매하게 맞장구를 칠 때 Sự đồng ý không chắc chắn

💬 아마도요.
Có lẽ.
꼬 레

💬 그럴 수도 있겠네요.
Có thể như vậy.
꼬 테 느 버이

💬 그렇다고 봅니다.
Tôi cũng thấy là như thế.
또이 꿍 터이 라 느 테

💬 그렇기를 바랍니다.
Tôi cũng mong là như thế.
또이 꿍 몽 라 느 테   mong 희망하다, 바라다

💬 그렇다고 말할 수 있겠죠.
Có thể nói là như vậy ạ.
꼬 테 노이 라 느 버이 아

💬 재미있겠군요.
Thú vị nhỉ.
투 비 니   thú vị 재미있는, 기쁜

> Bài 3   긍정의 맞장구 Đồng ý một cách tích cực

💬 그래요?
Thế à?
테 아

💬 아, 진짜예요?
Ồ, thật à?
오, 텃 아

💬 그렇습니까?
Thế ạ?
테 아   thế 그러한

125

💬 그건 그렇습니다.
Đó là như vậy ạ.
도 라 느 버이 아

> Bài 4   부정의 맞장구 Đồng ý một cách miễn cưỡng

💬 그럴 리가 없어요.
Lẽ nào lại thế.
레 나오 라이 테

💬 그래요? 저도 안 그래요.
Ôi, thế ạ? Tôi cũng không như thế.
오이, 테 아   또이 꿍 콤 느 테

💬 그렇게 생각하지 않아요.
Tôi không suy nghĩ như vậy.
또이 콤 쑤이 응이 느 버이

💬 그건 그렇지만...
Cái đó như thế nhưng mà...
까이 도 느 테 능 마

💬 그렇지 않다고 봐요.
Tôi không cảm thấy như vậy.
또이 콤 깜 터이 느 버이

💬 확신하지 않아요.
Tôi không chắc chắn như thế.
또이 콤 짝 짠 느 테   chắc chắn 확실한

💬 그게 아니에요.
Cái đó không phải vậy.
까이 도 콤 파이 버이

💬 항상 그렇지는 않죠.
Bình thường thế không như thế.
빙 트엉 테 콤 느 테

Bài 5 잠시 생각할 때 Suy nghĩ thêm

💬 글쎄요.
Tôi chưa biết rõ.
또이 쯔어 비엣 조

> 잘 모르겠어요

💬 글쎄...
Để xem đã...
데 쌤 다

> 어디 보자

💬 참, 뭐더라.
Gì nhỉ.
지 니

gì 무엇

되물음과 이해를 나타낼 때
Khi hỏi lại và biểu hiện sự hiểu

잘 알아들을 수 없거나 다시 한번 말해 달라고 하는 경우에는 Anh [Chị] vừa nói gì ạ?라고 되물으면 됩니다. 문미에 경칭인 ~ạ?를 붙여 정중하게 다시 묻는 것이 중요합니다. 자칫 잘못하다간 '지금 뭐라 한 거야?'라는 무례한 뉘앙스를 전달할 수 있기 때문에 웃으면서 말하는 게 좋습니다. 회화표현을 아는 것도 중요하지만 '어떻게 표현하느냐'도 중요합니다.

Bài 1 되물을 때 Khi hỏi lại

💬 뭐라고요?
Đang nói gì vậy ạ?
당 노이 지 버이 아

💬 뭐라고?
Vừa nói gì?
브어 노이 지

💬 뭐라고 하셨어요?
Anh [Chị] nói gì ạ?
아인 [찌] 노이 지 아

💬 방금 뭐라고 말했어?
Bạn vừa nói điều gì thế?
반 브어 노이 디에우 지 테

nói 말하다

💬 맞아요? (그렇지 않아요?)
 Đúng không ạ?
 둥 콤 아

💬 정말이죠? / 진짜요?
 Thật thế á? / Thật vậy á?
 텃 테 아   텃 버이 아

💬 그리고요?
 Và?
 바

💬 그렇게 생각해?
 Bạn nghĩ thế à?
 반 응이 테 아

💬 농담하는 거야?
 Đang nói đùa à?
 당 노이 두어 아   nói đùa 농담하다

💬 네? 정말요? (진짜요?)
 Dạ? Thật à?
 자   텃 아

Bài 2   잘 알아듣지 못했을 때 Khi chưa hiểu rõ

💬 다시 말씀해 주시겠어요?
 Xin nói lại được không ạ?
 씬 노이 라이 드억 콤 아

129

💬 다시 한번 말씀해 주시겠어요?
Xin nhắc lại một lần nữa được không ạ?
씬 냑 라이 못 런 느어 드억 콤 아

💬 다시 반복해 주시겠어요?
Xin làm lại được không ạ?
씬 람 라이 드억 콤 아

💬 미안합니다. 잘 모르겠어요.
Tôi xin lỗi. Tôi không biết rõ.
또이 씬 로이   또이 콤 비엣 조

💬 이해가 안 되네요.
Không hiểu rõ ý nghĩa.
콤 히에우 조 이 응이어

💬 말이 너무 빨라요.
Anh [Chị] nói nhanh quá ạ.
아인 [찌] 노이 냐인 꾸아 아   nhanh 빠른

💬 천천히 말씀해 주시겠어요?
Xin nói chậm hơn được không ạ?
씬 노이 쩜 헌 드억 콤 아

💬 좀 더 크게 말씀해 주시겠어요?
Xin nói to hơn một chút được không ạ?
씬 노이 또 헌 못 쭛 드억 콤 아

💬 이것은 무슨 의미인가요?
Cái này ý nghĩa là gì ạ?
까이 나이 이 응이어 라 지 아

> 무슨 뜻인가요?

💬 미안하지만, 잘 안 들려요.
Tôi xin lỗi, nhưng mà tôi không nghe rõ.
또이 씬 로이, 능 마 또이 콤 응에 조

💬 네 말이 전혀 안 들려.
Tôi không nghe được bạn nói gì.
또이 콤 응에 드억 반 당 노이 지

💬 철자를 말씀해 주시겠어요?
Có thể đánh vần cho tôi chữ đó được không ạ?
꼬 테 다잉 번 쪼 또이 쯔 도 드억 콤 아

💬 철자가 어떻게 되죠?
Từ này đánh vần thế nào ạ?
뜨 나이 다잉 번 테 나오 아

Bài 3 이해 여부를 재확인할 때 Xác nhận lại hiểu hay chưa

💬 이해하시겠어요?
Anh [Chị] hiểu không?
아인 [찌] 히에우 콤

hiểu 이해하다

💬 제 말 뜻을 이해하시겠어요?
Anh [Chị] hiểu ý tôi không?
아인 [찌] 히에우 이 또이 콤

💬 이해했어요?
Anh [Chị] đã hiểu chưa ạ?
아인 [찌] 다 히에우 쯔어 아

💬 내 말을 이해하겠니?
Bạn hiểu ý tôi không?
반 히에우 이 또이 콤

💬 내 말을 알아듣겠니?
Bạn hiểu được lời tôi nói không?
반 히에우 드억 러이 또이 노이 콤

> **Bài 4** 이해를 했을 때 Khi hiểu được

💬 이해했어요.
Tôi hiểu.
또이 히에우

💬 네, 이해됐어요.
Vâng, tôi hiểu.
벙, 또이 히에우

💬 네, 이해됩니다.
Vâng, tôi hiểu được.
벙, 또이 히에우 드억

💬 아, 알겠어요.
À, tôi hiểu được.
아, 또이 히에우 드억

💬 무슨 말인지 알겠어요.
Tôi hiểu ý anh [chị].
또이 히에우 이 아인 [찌]

💬 뭐에 대해 말하는지 알겠어요.
Tôi hiểu anh [chị] đang nói gì ạ.
또이 히에우 아인 [찌] 당 노이 지 아

💬 잘 이해했어요.
Tôi hiểu rõ.
또이 히에우 조

💬 당신의 입장을 이해해요.
Tôi thông cảm với tình hình của anh [chị].
또이 통 깜 버이 띵 힝 꾸어 아인 [찌]   thông cảm 동감하다, 이해하다

💬 충분히 이해할 만하군요.
Nói chung tôi vẫn đang hiểu.
노이 쭝 또이 번 당 히에우

Bài 5 이해를 못했을 때 Khi chưa hiểu hoàn toàn

💬 잘 모르겠어요.
Tôi chưa biết rõ.
또이 쯔어 비엣 조

💬 이해할 수 없어요.
Tôi không hiểu được.
또이 콤 히에우 드억

💬 전혀 이해가 안 돼요.
Tôi không hiểu gì cả.
또이 콤 히에우 지 까 cả 온통

💬 무슨 말을 하는지 모르겠어요.
Tôi không biết anh [chị] đang nói gì ạ.
또이 콤 비엣 아인 [찌] 당 노이 지 아

💬 뭐에 대해 말씀하시는지 모르겠어요.
Tôi không biết anh [chị] đang nói đến điều gì ạ.
또이 콤 비엣 아인 [찌] 당 노이 덴 디에우 지 아

💬 하고자 하는 말이 뭐죠?
Anh [Chị] muốn nói gì ạ?
아인 [찌] 무온 노이 지 아

💬 그게 무슨 말이죠?
Ý anh [chị] là gì ạ?
이 아인 [찌] 라 지 아

Chương 05 제안과 권유를 할 때 Lời đề nghị, lời mời

상대에게 일단 뭔가를 권유받았다면, Tôi cảm ơn anh [chị] đã mời tôi.(권유해줘서 고마워요.)라고 감사의 뜻을 전하든가, 아니면 Tôi rất tiếc.(아쉽지만)이라고 할 것입니다. 그 뒤에 이어서 nhưng tôi có hẹn khác.(다른 약속이 있습니다.) 혹은 Tôi có việc khác.(그날은 다른 일이 있습니다.)라고 말하면 됩니다.

Bài 1 무언가를 제안할 때 Khi đề nghị điều gì

💬 털어놓고 얘기합시다!
Chúng ta nói chuyện thẳng thắn nhé!
쭝 따 노이 쭈옌 탕 탄 녜   thẳng thắn 솔직히

💬 그만합시다.
Thôi.
토이

💬 오늘은 이만 합시다!
Hôm nay dừng lại ở đây nhé!
홈 나이 증 라이 어 데이 녜

💬 쉽시다!
Nghỉ đi nhé!
응이 디 녜

> nhé 말 끝에 붙여 권유나 제의할 때 쓰는 말

135

💬 조금만 쉽시다!
Nghỉ một chút nhé!
응이 못 쯧 녜

💬 화해합시다!
Hòa bình nhé!
호아 빙 녜   hòa bình 평화, 온화한

💬 좋으실 대로 하세요.
Anh [Chị] cứ làm như mình muốn.
아인 [찌] 끄 람 느 밍 무온

💬 한번 해 봅시다!
Chúng ta làm thử nhé!
쭝 따 람 트 녜

💬 한번 해 봐.
Bạn làm thử đi.
반 람 트 디

💬 내게 좋은 생각이 있어요.
Tôi có ý kiến hay.
또이 꼬 이 끼엔 하이

💬 그것을 최대한 잘 활용해 봐요.
Cái này áp dụng ở mức tối đa.
까이 나이 압 중 어 윽 또이 다

136

💬 화제를 바꿉시다!
Chúng ta chuyển chủ đề nhé!
쯩 따 쭈옌 쭈 데 녜

💬 말다툼을 그만해요.
Dừng việc cãi nhau lại đi.
증 비엑 까이 냐우 라이 디   cãi nhau 따지다, 말다툼하다

💬 한잔 합시다!
Đi uống rượu nhé!
디 우옹 지에우 녜

> Bài 2   권유할 때 Khi mời

💬 영화관에 가지 않을래요?
Anh [Chị] đi xem phim không ạ?
아인 [찌] 디 쌤 핌 콤 아   xem phim 영화를 보다

💬 원하신다면 우리와 함께 가셔도 돼요.
Nếu anh [chị] muốn thì cùng đi với chúng tôi.
네우 아인 [찌] 무온 티 꿍 디 버이 쭝 또이

💬 저와 함께 쇼핑 갈래요?
Anh [Chị] đi mua sắm với tôi không?
아인 [찌] 디 무어 쌈 버이 또이 콤

💬 커피 한잔 마실래요?
Anh [Chị] đi uống cà phê với tôi không?
아인 [찌] 디 우옹 까 페 버이 또이 콤

💬 문을 열어봐요!
Tôi mở cửa nhé!
또이 머 끄어 녜

cửa sổ 창문

💬 맥주 한잔 할래요?
Anh [Chị] đi uống bia với tôi không?
아인 [찌] 디 우옹 비아 버이 또이 콤

💬 내일 저녁 식사 함께 하실래요?
Tối mai, đi ăn tối với tôi thế nào?
또이 마이, 디 안 또이 버이 또이 테 나오

💬 요리 과정에 등록하는 건 어때요?
Đăng ký khóa học nấu ăn thế nào anh [chị]?
당 끼 콰 혹 너우 안 테 나오 아인 [찌]

💬 오늘 밤 쇼를 보러 가지 않을래요?
Tối nay chúng ta đi xem biểu diễn thế nào?
또이 나이 쭘 따 디 쌤 비에우 지엔 테 나오

💬 우리 산책해요!
Chúng ta đi dạo nhé!
쭝 따 디 자오 녜

đi dạo 산책하다

Bài 3 제안·권유에 응할 때 Khi trả lời lời đề nghị, lời mời

💬 좋아요.
Tốt.
똣

138

💬 아주 좋아요.
   Tốt quá.
   똣 꾸아

💬 네, 그렇게 할게요.
   Ok, tôi sẽ làm như vậy.
   오께, 또이 쎄 람 느 버이

💬 원하신다면, 제가 함께 가 드릴 수 있어요.
   Nếu anh [chị] muốn thì tôi sẽ đi cùng.
   네우 아인 [찌] 무온 티 또이 쎄 디 꿍

💬 전 완전 좋아요.
   Tôi thích chứ.
   또이 틱 쯔

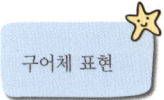
구어체 표현

💬 좋은 생각이에요.
   Ý kiến hay đấy.
   이 끼엔 하이 더이

💬 좋은 생각인 것 같아요.
   Suy nghĩ tốt.
   쑤이 응이 똣

💬 네, 그럼 그렇게 합시다.
   Vâng, vậy thì cứ như thế đi.
   벙, 버이 티 끄 느 테 디

💬 생각이 맘에 들어요.
Tôi thích ý kiến của anh [chị].
또이 틱 이 끼엔 꾸어 아인 [찌]

Bài 4   제안·권유에 거절할 때 Khi tự chối lời đề nghị, lời mời

💬 파티 할 기분이 아니에요.
Tôi không có tâm trạng tiệc tùng.
또이 콤 꼬 떰 짱 띠엑 뚱

💬 아니요, 그렇게 하지 맙시다.
Không, chúng ta không làm như thế.
콤, 쭝 따 콤 람 느 테

💬 아니요, 괜찮아요.
Không, không sao.
콤, 콤 싸오

💬 그렇게 할 생각이 없어요.
Tôi không có ý làm như vậy.
또이 콤 꼬 이 람 느 버이

💬 다음 기회에 해요!
Chúng ta nhận cơ hội lần sau nhé!
쭝 따 년 꺼 호이 런 사우 녜   sau 나중에

140

부탁을 할 때 Khi nhờ người khác

무언가를 부탁할 때는 사양하지 말고 확실하게 부탁하는 것이 중요합니다. 우리는 상대방을 고려하여 망설이는 경우가 많지만, 그러한 태도는 바람직하지 않습니다. 부탁할 때는 〈동사 + giúp tôi được không?〉을 사용하여 말하면 간단하고 정중한 부탁의 표현이 됩니다. 또한 nhờ anh [chị] ~ ?를 첫머리에 붙이거나 문장의 끝에 ~ ạ?를 붙여 사용하면 더욱 정중한 표현이 됩니다.

Bài 1 부탁을 할 때 Khi nhờ người khác

💬 부탁 하나 들어 줄래요?

Anh [Chị] giúp tôi một việc được không ạ?
아인 [찌] 줍 또이 못 비엑 드억 콤 아

💬 부탁 하나 들어줄 수 있나요?

Anh [Chị] giúp đỡ cho tôi một việc được chứ?
아인 [찌] 줍 더 쪼 또이 못 비엑 드억 쯔

💬 실례지만, 부탁 하나 들어 주실 수 있나요?

Xin lỗi, tôi xin nhờ anh [chị] 1 việc được không ạ?
씬 로이, 또이 씬 녀 아인 [찌] 못 비엑 드억 콤 아

💬 부탁 하나 드려도 될까요?

Tôi xin nhờ anh [chị] được không ạ?
또이 씬 녀 아인 [찌] 드억 콤 아

💬 부탁 하나 드릴 게 있어요.
Tôi có một điều nhờ anh [chị].
또이 꼬 못 디에우 녀 아인 [찌]

💬 귀찮지 않았으면 해요.
Tôi mong việc này không làm phiền cho anh [chị].
또이 몽 비엑 나이 콤 람 피엔 쪼 아인 [찌]

💬 잠시 폐를 끼쳐도 될까요?
Tôi làm phiền anh [chị] một chút được không?
또이 람 피엔 아인 [찌] 못 쭛 드억 콤

💬 잠시 시간을 내 주실 수 있으세요?
Anh [Chị] cho tôi xin chút thời gian được không ạ?
아인 [찌] 쪼 또이 씬 쭛 터이 잔 드억 콤 아

💬 저를 도와주실 수 있나 모르겠어요.
Tôi chưa biết anh [chị] giúp tôi được hay không.
또이 쯔어 비엣 아인 [찌] 줍 또이 드억 하이 콤

Bài 2   구체적으로 부탁할 때   Khi nhờ một cách cụ thể

💬 내일 차를 좀 써도 될까요?
Ngày mai tôi có thể dùng ô tô được không ạ?
응아이 마이 또이 꼬 테 중 오 또 드억 콤 아

💬 카메라를 좀 빌릴 수 있을까요?
Tôi mượn máy ảnh được không?
또이 므언 마이 아인 드억 콤

máy ảnh 카메라

💬 에어컨 좀 꺼 주시겠어요?

Nhờ anh [chị] tắt điều hòa [máy lạnh] được không?

녀 아인 [찌] 땃 디에우 호아 마이 라잉 드억 콤

💬 좀 지나가도 될까요?

Tôi đi qua được không?

또이 디 꾸아 드억 콤

💬 창문 좀 열어도 될까요?

Tôi mở cửa sổ có làm phiền đến anh [chị] không?

또이 머 끄어 쏘 꼬 람 피엔 덴 아인 [찌] 콤

💬 10만 동만 빌릴 수 있을까요?

Cho tôi vay 100.000(một trăm nghìn) đồng dược không ạ?

쪼 또이 바이 못짬응인 동 드억 콤 아

💬 가방 좀 들어 줄래요?

Anh [Chị] xách giúp tôi cái túi được không?

아인 [찌] 싸익 줍 또이 까이 뚜이 드억 콤

💬 제 짐 좀 지켜 봐 주시겠어요?

Anh [Chị] trông hành lý hộ tôi được không?

아인 [찌] 쫑 하잉 리 호 또이 드억 콤

💬 핸드폰 좀 써도 될까요?

Tôi có thể mượn điện thoại di động của anh [chị] được không?

또이 꼬 테 므언 디엔 토와이 지 동 꾸어 아인 [찌] 드억 콤

💬 전화번호 좀 알려 주실래요?

Có thể cho tôi xin số điện thoại được không?

꼬 테 쪼 또이 씬 쏘 디엔 토와이 드억 콤   số điện thoại 전화번호

💬 사전 좀 빌려줄래?

Bạn có thể cho tôi mượn từ điển được không?

반 꼬 테 쪼 또이 므언 뜨 디엔 드억 콤

💬 버스 정류장이 어디에 있는지 말해 주시겠어요?

Làm ơn chỉ cho tôi bến xe buýt ở đâu ạ?

람 언 찌 쪼 또이 벤 쎄 부잇 어 더우 아

💬 저와 동행해 줄 수 있나요?

Anh [Chị] đi cùng với tôi được không?

아인 [찌] 디 꿍 버이 또이 드억 콤

💬 약속을 확인해 주세요!

Anh [Chị] kiểm tra lại lịch hẹn nhé!

아인 [찌] 끼엠 짜 라이 릭 핸 녜

💬 나와 함께 있어 줄 수 있어?

Bạn có thể đi với tôi được không?

반 꼬 테 디 버이 또이 드억 콤   với 함께

💬 혼자 있게 해 주시겠어요?
Để tôi một mình có được không?
데 또이 못 밍 꼬 드억 콤

💬 혼자 있게 해 줘!
Hãy để tôi một mình nhé!
하이 데 또이 못 밍 녜

💬 파일 좀 건네 줄래요?
Nhờ anh [chị] chuyển file được không?
녀 아인 [찌] 쭈옌 파일 드억 콤

💬 실례합니다.
Xin lỗi.
씬 로이

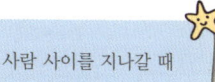
사람 사이를 지나갈 때

Bài 3 부탁을 들어줄 때 Khi chấp nhận sự nhờ vả của người khác

💬 물론이죠.
Tất nhiên.
떳 니엔

💬 기꺼이 그러죠.
Tôi sẽ làm một cách vui vẻ.
또이 쎄 람 못 까익 부이 배

💬 네, 어서요.
Vâng, xin mời.
벙, 씬 머이

💬 그렇게 하세요!
Anh [Chị] làm vậy nhé!
아인 [찌] 람 버이 녜

💬 별 문제 없어요.
Không có vấn đề gì.
콤 꼬 번 데 지

💬 별거 아닙니다.
Không có gì đặc biệt
콤 꼬 지 닥 비엣

💬 그렇고 말고요!
Đương nhiên!
드엉 니엔

Bài 4 부탁을 거절할 때 Khi từ chối sự nhờ vả của người khác

💬 안 돼요.
Không được.
콤 드억

💬 유감이지만, 안 될 것 같아요.
Rất tiếc nhưng chắc là không được.
젓 띠엑 능 짝 라 콤 드억

💬 미안하지만, 지금 그게 필요해요.
Xin lỗi, nhưng bây giờ tôi cần cái đó.
씬 로이, 능 버이 져 또이 껀 까이 도

💬 미안하지만, 제가 할 수가 없을 거 같아요.
Xin lỗi, nhưng tôi không thể làm được.
씬 로이, 능 또이 콤 테 람 드억

Bài 5 우회적으로 거절할 때 Khi tự chối một cách khéo léo

💬 글쎄요, 아직 그럴 준비가 되지 않았어요.
Ừm, tôi chưa chuẩn bị làm như vậy.
음, 또이 쯔어 쭈언 비 람 느 버이   chuẩn bị 준비하다

💬 다음 기회에 꼭 할게요.
Lần sau thì tôi chắc chắn sẽ làm.
런 사우 티 또이 짝 짠 쎄 람

💬 그건 무리한 요구예요. 죄송해요.
Đó là yêu cầu quá đáng. Xin lỗi.
또 라 이에우 꺼우 꾸아 당   씬 로이   quá đáng 지나친

💬 그러기엔 시간이 필요해요.
Để làm như vậy tôi cần thời gian.
데 람 느 버이 또이 껀 터이 잔

147

Chương 07 대화를 시도할 때 Khi thử bắt chuyện

대화를 자연스럽게 시작하기 위해서는 공통의 화제로 상대의 주의를 끌도록 합니다. Thời tiết đẹp nhỉ?(날씨가 좋죠, 그렇죠?)처럼 날씨부터 시작하는 것이 가장 무난합니다. 다른 사람에게 말을 걸 때는 Xin lỗi~(실례합니다~)라고 표현하는 것이 가장 일반적입니다. 또한 상대와 대화를 원할 때는 상대의 사정을 살피며 Anh [Chị] có thời gian không ạ?(시간 괜찮으세요?)라고 하면 됩니다.

Bài 1 말을 걸 때 Khi mở lời

💬 이야기 좀 할 수 있을까요?
Tôi muốn nói chuyện với anh [chị] được không?
또이 무온 노이 쮸옌 버이 아인 [찌] 드억 콤

💬 제가 뭔가에 관해 얘기를 해야 해요.
Tôi phải nói gì với anh [chị].
또이 파이 노이 지 버이 아인 [찌]

💬 드릴 말씀이 있어요.
Tôi có điều muốn nói.
또이 꼬 디에우 무온 노이 아

💬 할 말이 있어요.
Tôi có điều muốn nói.
또이 꼬 디에우 무온 노이

💬 잠깐 이야기를 나누고 싶은데요.
Tôi muốn nói chuyện với anh [chị] một chút ạ.
또이 무온 노이 쭈옌 버이 아인 [찌] 못 쯧 아 　　　　một chút 잠깐, 순간

💬 잠깐 이야기 좀 할까요?
Tôi muốn nói chuyện với anh [chị] một chút?
또이 무온 노이 쭈옌 버이 아인 [찌] 못 쯧

💬 얘기를 잠깐 하고 싶어요.
Tôi muốn nói với anh [chị] một chút.
또이 무온 노이 버이 아인 [찌] 못 쯧

💬 얼마 걸리지 않을 거예요.
Không mất nhiều thời gian đâu ạ.
콤 멋 니에우 터이 쟌 더우 이

💬 저한테 시간 좀 내 줄 수 있어요?
Anh [Chị] dành một chút thời gian cho tôi được không?
아인 [찌] 자잉 못 쯧 터이 쟌 쪼 또이 드억 콤

Bài 2 　대화 도중에 말을 걸 때　Khi mở lời trong cuộc hội thoại

💬 말씀 중에 잠깐 실례를 해도 될까요?
Tôi xin phép được xen ngang được không ạ?
또이 씬 펩 드억 쎈 응앙 드억 콤 아 　　　　　　xen 끼어들다

💬 말씀 도중에 죄송한데요...
Tôi xin lỗi xen ngang câu chuyện nhưng...
또이 씬 로이 쎈 응앙 꺼우 쭈옌 능

💬 끼어들어 죄송해요.
Tôi xin lỗi đã chen ngang.
또이 씬 로이 다 쩬 응앙

💬 말씀 중 끼어들어 죄송해요.
Tôi xin lỗi xen vào câu chuyện.
또이 씬 로이 쎈 바오 꺼우 쭈옌

💬 제가 말 좀 할게요!
Cho tôi nói một chút nhé!
쪼 또이 노이 못 쭛 녜

💬 내 말 좀 들어봐!
Hãy nghe lời mình nhé!
하이 응에 러이 밍 녜

Bài 3 　용건을 물을 때 Khi hỏi ý chính / điều trọng tâm

💬 무슨 얘기를 하고 싶으세요?
Anh [Chị] muốn nói gì ạ?
아인 [찌] 무온 노이 지 아

💬 제가 도와드릴 게 있나요?
Tôi có thể giúp điều gì không ạ?
또이 꼬 테 줍 디에우 지 콤 아

💬 저한테 뭔가 이야기하고 싶으세요?
Anh [Chị] muốn nói gì với tôi ạ?
아인 [찌] 무온 노이 지 버이 또이 아

💬 무엇을 도와 드릴까요?
Tôi có thể giúp gì cho anh [chị]?
또이 꼬 테 줍 지 쪼 아인 [찌]

💬 뭐가 필요하세요?
Anh [Chị] cần gì ạ?
아인 [찌] 껀 지 아   cần 필요하다

💬 제가 뭐 도와 드릴까요?
Tôi có thể giúp gì ạ?
또이 꼬 테 줍 시 아   giúp 돕다

Bài 4 모르는 사람에게 말을 걸 때 Khi hỏi người chưa biết

💬 날씨가 좋죠, 그렇죠?
Thời tiết đẹp, đúng không?
터이 띠엣 뎁, 둥 콤   thời tiết 날씨, 기후

💬 시원하죠, 그렇죠?
Trời mát, phải không?
쩌이 맛, 파이 콤   mát 시원한

💬 너무 더워요, 그렇죠?
Nóng quá, đúng không?
농 꾸아, 둥 콤

151

💬 날씨가 너무 안 좋아요, 그렇죠?
Thời tiết xấu lắm, đúng không?
터이 띠엣 써우 람, 둥 콤

💬 여기는 처음이세요?
Anh [Chị] đến đây là lần đầu tiên ạ?
아인 [찌] 덴 데이 라 런 더우 띠엔 아

💬 이 자리에 누구 있나요?
Ở đây có ai thế?
어 데이 꼬 아이 테

💬 경치가 정말 멋지죠, 그렇죠?
Phong cảnh đẹp nhỉ.
퐁 까잉 뎁 니

💬 베트남어 하세요?
Anh [Chị] nói được tiếng Việt không ạ?
아인 [찌] 노이 드억 띠엥 비엣 콤 아

Chương 08 대화의 연결과 진행 Sự liên kết và hình thành hội thoại

잠깐 말이 막히거나 생각을 하면서 말하거나 할 때의 연결 표현은 상대의 기분을 거슬리지 않기 위해서도 중요하고, 회화에서 가장 기본적인 대화기술화 기법 중 하나입니다. ừm은 대화에서 침묵을 피할 때 적절하게 쓸 수 있는 표현입니다. 이건 chờ tôi một chút.~(잠시 기다려 주십시오.~)에 해당하는 연결 표현이므로 자연스럽게 말하면서 다음 말을 생각하도록 합시다.

> **Bài 1** 말을 재촉할 때 Khi khuyến khích nói

💬 어서 말해 보세요.

Mời anh [chị] nói đi.
머이 아인 [찌] 노이 디

💬 어서 말해.

Nói đi.
노이 디

💬 이제 얘기해 보세요.

Bây giờ anh [chị] nói đi.
버이 져 아인 [찌] 노이 디

💬 이제 얘기해.

Bây giờ bạn nói đi.
버이 져 반 노이 디

bây giờ 지금

Phần 03 유창한 대화를 위한 표현

💬 할 말 있으면 말 하세요!
Anh [Chị] có điều gì muốn nói thì cứ nói đi nhé!
아인 [찌] 꼬 디에우 지 무온 노이 티 끄 노이 디 녜

💬 이야기하고 싶은 건 다 해 보세요.
Anh [Chị] có gì muốn nói thì cứ nói hết ra đi.
아인 [찌] 꼬 지 무온 노이 티 끄 노이 헷 자 디

💬 이제 모두 털어놔 봐.
Bạn nói hết ra đi.
반 노이 헷 자 디

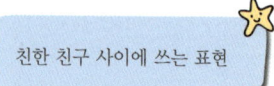
친한 친구 사이에 쓰는 표현

💬 단도직입적으로 말해 보세요.
Mời anh [chị] nói thoải mái.
머이 아인 [찌] 노이 토와이 마이

Bài 2 간단히 말할 때 Khi nói đơn giản

💬 좀 더 간단히 말하세요!
Anh [Chị] nói một cách đơn giản nhé!
아인 [찌] 노이 못 까익 던 쟌 녜

💬 좀 더 명확히 말해봐!
Bạn hãy nói một cách đơn giản nhé!
반 하이 노이 못 까익 던 쟌 녜

💬 요점만 말해!
Bạn nói điểm chính nhé!
반 노이 디엠 찡 녜

chính 본질적인

154

💬 용건만 간단히 말씀하세요!

Anh [Chị] nói phần trọng tâm một cách đơn giản nhé!

아인 [찌] 노이 펀 쫑 떰 못 까익 던 잔 녜

Bài 3 화제를 바꿀 때 Khi thay đổi chủ đề

💬 화제를 바꿉시다!

Chúng ta thay đổi chủ đề nhé!

쭝 따 타이 도이 쭈 데 녜   chủ đề 주제

💬 뭔가 다른 이야기를 해요!

Chúng ta nói chuyện khác nhé!

쭝 따 노이 쭈옌 칵 녜

💬 화제를 바꾸지 마세요.

Đừng thay đổi chủ đề.

등 타이 도이 쭈 데

💬 그런데, 그건 그렇다 치고...

Đó là như thế nhưng mà...

도 라 느 테 능 마

💬 그건 다른 이야기잖아요.

Đó là chuyện khác mà.

도 라 쭈옌 칵 마

Bài 4 말이 막힐 때 Khi không biết phải nói thế nào

💬 음, 자...
Ừm, Nào...
음, 나오

💬 어디 보자. / 봅시다.
Xem nào. / Xem đã nào.
쌤 나오   쌤 다 나오

💬 글쎄, 제 말은...
Xem nào, ý tôi là..
쌤 나오, 이 또이 라

💬 어떻게 말해야 할까요?
Tôi nói như thế nào nhỉ?
또이 노이 느 테 나오 니   như thế nào 어떻게

💬 어떻게 설명해야 할까요?
Tôi giải thích như thế nào nhỉ?
또이 자이 틱 느 테 나오 니

💬 어떻게 설명해야 할지 모르겠네요.
Tôi không biết giải thích như thế nào.
또이 콤 비엣 자이 틱 느 테 나오

Bài 5 말을 꺼내거나 잠시 주저할 때 Khi không biết phải nói thế nào

💬 있잖아요...
A này...
아 나이

💬 생각 좀 해 보고요.
Tôi suy nghĩ trước đã.
또이 쑤이 응이 쯔억 다

💬 다시 말해서...
Nhắc lại là...
냑 라이 라

💬 내 말은...
Ý tôi là...
이 또이 라

Bài 6 적당한 말이 생각나지 않을 때 Khi không nghĩ ra lời phù hợp

💬 뭐랄까?
Xem nào? / Gì nhỉ?
쌤 나오   지 니

💬 어떻게 설명해야 할까?
Tôi nên giải thích như thế nào nhỉ?
또이 넨 자이 틱 느 테 나오 니

                                              giải thích 설명하다

💬 뭐라고 말하려고 했지?
Tôi định nói gì?
또이 딩 노이 지

💬 글쎄, 잘 모르겠지만...
Xem nào, tôi chưa biết rõ nhưng...
쌤 나오, 또이 쯔어 비엣 조 능

> **Bài 7** 말하면서 생각할 때 Khi vừa nói vừa suy nghĩ

💬 생각 좀 해 보고요.
Tôi suy nghĩ đã.
또이 쑤이 응이 다

💬 확실하게는 모르겠는데, ~라고 생각해요
Tôi chưa biết chính xác nhưng tôi nghĩ là ~
또이 쯔어 비엣 찡 싹 능 또이 응이 라

💬 제가 기억을 잘 하고 있다면...
Nếu tôi nhớ chính xác thì...
네우 또이 녀 찡 싹 티

💬 음, 잘 기억나지 않지만...
Ừm, tôi chưa nhớ rõ nhưng...
음, 또이 쯔어 녀 조 능

💬 말하자면...
Nói ra thì...
노이 자 티

💬 분명하지 않지만...
Chưa chính xác nhưng...
쯔어 찡 싹 능

💬 굳이 대답해야 한다면...
Nếu nhất định phải trả lời thì...
네우 녓 딩 파이 짜 러이 티

nếu 만약

주의와 충고를 할 때
Khi cho ai lời cảnh báo và lời khuyên

조언과 충고를 할 때 쓰이는 phải는 명령이나 강제에 가까운 표현이므로 손윗사람에게는 쓰지 않는 것이 좋습니다. 따라서 '~하는 게 좋습니다'에 해당하는 nên 사용하는 것이 일반적입니다. 이와 관련된 표현으로는 Dù thế này cũng nên làm.(이러나 저러나 해보는 게 좋다.)가 있습니다.

Bài 1 주의를 줄 때 Khi cho ai lời cảnh báo

💬 이러시면 안 됩니다.
Anh [Chị] không nên làm như thế.
아인 [찌] 콤 넨 람 느 테

💬 절 귀찮게 하지 마세요.
Đừng làm phiền tôi.
등 람 피엔 또이   làm phiền 폐를 끼치다, 방해하다

💬 날 귀찮게 하지 마.
Đừng làm phiền mình.
등 람 피엔 밍

💬 그를 나쁘게 대하지 마세요.
Anh [Chị] đừng xử tệ với anh [chị] ấy.
아인 [찌] 등 쓰 떼 버이 아인 [찌] 어이

💬 조심하세요!
Cẩn thận nhé!
껀 턴 녜   cẩn thận 조심하다

💬 계단 조심해!
Cẩn thận bậc thang nhé!
껀 턴 벅 탕 녜

💬 아무한테도 말하지 마!
Đừng nói với ai!
등 노이 버이 아이

💬 말 조심해!
Cẩn thận lời ăn tiếng nói nhé!
껀 턴 러이 안 띠엥 노이 녜

💬 조용히 하세요!
Anh [Chị] hãy giữ trật tự!
아인 [찌] 하이 즈 쩟 뜨

💬 조용히 해!
Trật tự đi!
쩟 뜨 디

💬 말대꾸 하지 마!
Đừng bắt bẻ!
등 밧 배

💬 너무 오버하지 마!
Đừng có làm quá lên!
등 꼬 람 꾸아 렌

💬 날 오해하지 마!
Bạn đừng hiểu lầm tôi!
반 등 히에우 럼 또이   hiểu lầm 오해하다

💬 나한테 화내지 마.
Đừng giận tôi.
등 젼 또이   giận 화내다

💬 까다롭게 굴지 마!
Đừng khó tính quá nhé!
등 코 띵 꾸아 녜

💬 까불지 마. / 예의 바르게 행동해!
Đừng có láo toét. / Hành động lịch sự nhé!
등 꼬 라오 또엣   하잉 동 릭 스 녜

💬 잘난 척하지 마.
Đừng có làm ra vẻ ta đây giỏi.
등 꼬 람 자 배 따 데이 조이   ra vẻ ~척하다

💬 농담 그만 해.
Đùa chừng đó thôi.
두어 쯩 도 토이

💬 날 놀리지 마
Đừng trêu tôi.
등 쩨우 또이

trêu 괴롭히다, 놀리다

💬 날 그만 내버려 둬.
Để tôi yên. / Để mặc tôi.
데 또이 옌   데 막 또이

> **Bài 2**   충고할 때 Khi khuyên người khác

💬 날 실망시키지 마.
Đừng làm cho tôi thất vọng.
등 람 쪼 또이 텃 봉

💬 명심해!
Nhớ nhé!
녀 녜

💬 심각하게 받아들이지 마.
Đừng nghĩ nghiêm trọng hóa quá.
등 응이 응이엠 쫑 호아 꾸아

💬 무시해.
Kệ đi.
께 디

💬 그 사람한테 잘해 줘.
Hãy đối xử với người ấy.
하이 도이 쑤 버이 응어이 어이

163

💬 허튼소리 하지 마.
Đừng ăn nói vớ vẩn.
등 안 노이 버 번

💬 최선을 다해.
Cố gắng hết sức đi.
꼬 강 헷 쏙 디

💬 욕하지 마.
Đừng chửi.
등 쯔이

💬 똑바로 행동해.
Làm đúng đi.
람 둥 디

💬 말을 행동으로 옮겨.
Đưa lời nói vào hành động đi.
드어 러이 노이 바오 하잉 동 디

💬 긴장하지 마.
Đừng căng thẳng.
등 깡 탕   căng thẳng 긴장하다

💬 성질 건드리지 마.
Đừng có mà chọc tức tôi.
등 꼬 마 쪽 뜩 또이

💬 속지 마!
   Đừng bị lừa nhé!
   등 비 르어 녜

💬 기대하지 마!
   Đừng hy vọng nhé!
   등 히 봉 녜   hy vọng 바라다, 기대하다

> **Bài 3**   조언을 할 때 Khi khuyên bảo

💬 기회를 활용해야 해요.
   Anh [Chị] phải dùng cơ hội.
   아인 [찌] 파이 중 꺼 호이

💬 실수할까봐 두려워하지 마세요.
   Đừng sợ vì mình có thể sai.
   등 써 비 밍 꼬 테 싸이   sợ 두려워하다, 걱정하다

💬 쉽게 사람을 믿으면 안 돼요.
   Đừng dễ tin người khác.
   등 제 띤 응어이 칵

💬 시간을 낭비하시면 안 돼요.
   Anh [Chị] không thể lãng phí thời giờ như thế.
   아인 [찌] 콤 테 랑 피 터이 쟌 느 테

💬 그렇게 걱정 안 하셔도 됩니다.
   Anh [Chị] không cần lo lắng như thế.
   아인 [찌] 콤 껀 로 랑 느 테

Phần 04

Vietnamese Conversation for Beginners

거리낌 없는 감정 표현
Biểu hiện thái độ một cách không ngần ngại
비에우 히엔 타이 도 못 끼익 콤 응언 응아이

01. (감정 등을) 나타낼 때
02. 놀라움과 무서움을 나타낼 때
03. 근심과 격려를 나타낼 때
04. 불만과 불평을 할 때
05. 감탄과 칭찬을 할 때
06. 비난과 책망을 할 때

베트남 사람들은 한국 사람들과 비슷하게 예절을 중시하면서도 한편으로는 친근감을 중요시합니다. 감정을 직접적으로 모두 표현하는 것은 무례하지만 친근감을 드러내는 것도 대인관계에서 무척이나 중요한 부분입니다. 눈을 마주치지 않는 것은 무례하지만 눈을 계속 마주치는 것도 베트남인을 불편하게 만드는 행동 중 하나입니다. 상황에 맞는 예절과 과하지 않은 친근감을 표현하는 습관은 대인 관계를 부드럽게 합니다.

Chương 01 (감정 등을) 나타낼 때 Khi biểu hiện

베트남 사람들은 자신의 감정에 충실한 편이며, 희로애락을 솔직하게 표현합니다. 기쁨을 표현할 경우에는 Tôi vui quá!(기뻐요!), Hạnh phúc!(행복해!), Tuyệt vời!(멋지군요!) 등을 사용합니다. 특히 Hạnh phúc은 자신의 기쁨을 효과적으로 전달할 때 유용하게 쓰입니다. 기쁨을 나누는 축하의 말을 직접적으로 전해보세요. 대화가 한층 즐겁고 생생해질 것입니다.

Bài 1 기쁠 때 Khi vui. / Hạnh phúc

💬 아주 기뻐요.
Tôi vui lắm.
또이 부이 람   vui 즐거운

💬 정말 기뻐!
Mình vui thật!
밍 부이 텃

💬 얼마나 기쁜지!
Tôi vui quá!
또이 부이 꾸아

💬 기뻐서 펄쩍 뛸 것 같아요.
Tôi sắp nhảy cẫng lên vì vui.
또이 쌉 냐이 껑 렌 비 부이

💬 기뻐 죽겠어요.
Tôi vui sắp chết.
또이 부이 쌉 쩻

💬 지금처럼 기쁜 적은 없었어요.
Cho đến nay chưa bao giờ vui như thế.
쪼 덴 나이 쯔어 바오 져 부이 느 테

💬 지금보다 더 행복할 수는 없을 거야.
Cho đến bây giờ tôi chưa hạnh phúc được như thế.
쪼 덴 버이 져 또이 쯔어 하잉 푹 드억 느 테

💬 너무 기뻐서 말이 안 나와요.
Tôi quá vui không nói thành lời.
또이 꾸아 부이 콤 노이 타잉 러이

💬 얼마나 기쁜지 표현할 수가 없어요.
Tôi không biết biểu lộ sự hạnh phúc thế nào.
또이 콤 비엣 비에우 로 스 하잉 푹 테 나오

💬 널 봐서 기뻐.
Mình rất vui được gặp bạn.
밍 졋 부이 드억 갑 반

gặp 만나다

> Bài 2   즐거울 때 Khi vui

💬 **아주 즐거워요.**
Tôi rất vui.
또이 젓 부이

💬 **아주 재미있어요, 즐거워요.**
Tuyệt vời, tôi rất vui.
뚜옛 버이, 또이 젓 부이

💬 **지금처럼 즐거웠던 적은 없어요.**
Tôi chưa bao giờ vui như thế.
또이 쯔어 바오 저 부이 느 테

💬 **재미있었어요, 즐거웠어요.**
Thật đã quá hay, tôi vui lắm.
텃 다 꾸아 하이, 또이 부이 람

💬 **난 정말로 만족스러워.**
Tôi hài lòng thật rồi.
또이 하이 롱 텃 조이   hài lòng 만족하다

💬 **너무 좋아서 죽을 것 같아요.**
Tôi thích chết đi được.
또이 틱 쩻 디 드억

💬 **너무 즐거워서 웃음을 멈출 수가 없어요.**
Vui quá, tôi không thể nín cười.
부이 꾸아, 또이 콤 테 닌 끄어이

170

> **Bài 3** 기쁜 소식을 들었을 때 Khi nghe tin vui

💬 그 소식을 들으니 정말 기뻐요.
Nghe tin đó, tôi cũng rất vui.
응에 띤 도, 또이 꿍 젓 부이   tin 소식

💬 그거 반가운 소식이군요.
Đó thật là tin vui quá.
도 텃 라 띤 부이 꾸아

💬 참 멋진 소식이야!
Đó thật là tin tuyệt vời nhỉ!
도 텃 라 띤 뚯 라잉 뚜옛 버이 니

💬 멋진 것 같아!
Hay quá!
하이 꾸아

> **Bài 4** 기쁠 때 외치는 소리 Tiếng kêu khi vui

💬 만세!
Ơn trời!
언 쩌이

💬 좋겠다! 잘됐다!
Thích thế! Tốt rồi!
틱 테   똣 조이

💬 아주 좋아

Tốt quá!

똣 꾸아

💬 짱, 대박이야!

Tuyệt vời, không còn gì để nói!

뚜옛 버이, 콤 꼰 지 데 노이

> **Bài 5** 자신이 화가 날 때 Khi bản thân ức chế

💬 나 화났어.

Tôi ức chế quá.

또이 윽 쩨 꾸아

💬 나 진짜 화났어.

Tôi thật ức chế đấy.

또이 텃 윽 쩨 더이

💬 분노가 치밀어 올라.

Muốn bùng nổ.

무온 붕 노

💬 내게 말하지 마.

Đừng nói với tôi.

등 노이 버이 또이

💬 닥쳐.

Im đi.

임 디

💬 너 때문에 기분 나빠.
Tại bạn mà tôi cáu giận.
따이 반 마 또이 까우 전

💬 됐어! 그만 해!
Thôi! Dừng lại đi!
토이 증 라이 디

💬 이제 그만 둬!
Thôi dừng lại ở đây đi!
토이 증 라이 어 데이 디

💬 날 가만히 내버려 둬!
Để tôi một mình đi!
데 또이 못 밍 디

💬 참는 것도 한계가 있어. / 널 더 이상 견딜 수 없어.
Sức chịu đựng của mình có giới hạn. / Mình không thể chịu bạn nữa.
쓱 찌우 등 꾸어 밍 꼬 저이 한　　　　　밍 콤 테 찌우 반 느어

💬 진짜 짜증나!
Thật là tội nợ!
텃 라 또이 너

구어체 표현

💬 이봐, 날 화나게 하지 마!
Này! Đừng làm tôi bực mình nữa!
나이 등 람 또이 북 밍 느어

Phần 04 거리낌 없는 감정 표현

Bài 6 상대방이 화가 났을 때 Khi người ta bực mình

💬 화났어요?
Anh [Chị] bực mình à?
아인 [찌] 북 밍 아   bực 화가 난

💬 아직도 화나 있어?
Anh [Chị] vẫn cáu à?
아인 [찌] 번 까우 아   vẫn 변함없이, 아직도

💬 그래서 나한테 화났어?
Vậy thì bạn cáu với mình à?
버이 티 반 까우 버이 밍 아

💬 뭐 때문에 화를 내는 거야?
Tại sao bạn cáu với mình?
따이 싸오 반 까우 버이 밍

💬 네가 왜 나한테 화내는지 모르겠어.
Mình không biết bạn giận mình.
밍 콤 비엣 반 전 밍

Bài 7 화가 난 상대를 진정시킬 때 Khi làm cho người ta bình tĩnh lại

💬 진정하세요!
Anh [Chị] bình tĩnh ạ!
아인 [찌] 빙 띵 아

💬 진정해!
Bình tĩnh nhé!
빙 띵 녜   bình tĩnh 냉정한, 침착한

💬 화내지 마세요!
Đừng giận!
등 전

💬 이성을 잃으면 안 돼.
Đừng đánh mất lý trí.
등 다잉 멋 리 찌

💬 화 푸세요!
Anh [Chị] nguôi giận nhé!
아인 [찌] 응우오이 전 녜   nguôi 가라앉은

💬 화낼 필요는 없어.
Không cần giận.
콤 껀 전

Bài 8 슬플 때 Khi buồn

💬 아, 슬퍼!
Ôi, buồn lắm!
오이, 부온 람

💬 아이고, 가엾어라!
Ôi, tội nghiệp!
오이, 또이 응이엡

175

💬 어머, 불쌍해라!
Ôi, đáng thương!
오이, 당 트엉

💬 슬퍼.
Tôi buồn.
또이 부온

💬 비참한 기분이에요.
Tôi thấy sầu thảm.
또이 터이 서우 탐   sầu thảm 음울한, 슬픈

💬 영화가 슬프게 해.
Phim làm cho mình buồn.
핌 람 쪼 민 부온

💬 슬퍼서 울고 싶은 심정이에요.
Tâm trạng của tôi buồn muốn khóc.
떰 짱 꾸어 또이 부온 무온 콕   khóc 울다

💬 세상이 꼭 끝나는 것 같아!
Giống như thế giới sắp biến mất!
종 느 테 저이 쌉 비엔 멋

💬 울고 싶어요.
Tôi muốn khóc.
또이 무온 콕

> **Bài 9** 우울할 때 Khi trầm uất

💬 우울해요.
Tôi thấy u uất.
또이 터이 우 엇

💬 저는 희망이 없어요.
Tôi không còn hy vọng.
또이 콤 꼰 히 봉

💬 절망적인 기분이 들어요.
Tôi cảm thấy tuyệt vọng.
또이 깜 터이 뚜옛 봉   tuyệt vọng 절망하다

💬 아무것도 하고 싶지 않아요.
Tôi không muốn làm gì cả.
또이 콤 무온 람 지 까

💬 가슴이 아파요.
Tôi đau lòng.
또이 다우 롱

💬 농담할 기분이 아니에요.
Không phải lúc đùa với tôi đâu.
콤 파이 룩 두어 버이 또이 더우

Phần 04 거리낌 없는 감정 표현

Bài 10 슬픔과 우울함을 위로할 때 Khi an ủi việc buồn và trầm uất

💬 내가 당신 옆에서 돌봐 줄게요.
Tôi sẽ ở bên cạnh anh [chị].
또이 쎄 어 벤 까잉 아인 [찌]   bên 옆, 가까이에

💬 너무 우울해 하지 마!
Đừng u uất như thế!
등 우 우엇 느 테   u uất 슬프고 우울한

💬 기운 내!
Cố lên, lấy lại tinh thần đi!
꼬 렌, 러이 라이 띵 턴 디

💬 너는 이겨낼 수 있어.
Bạn chịu được. / Bạn chiến thắng được.
반 찌우 드억   반 찌엔 탕 드억

💬 세월이 약이야.
Thời gian là liều thuốc bổ.
터이 잔 라 리에우 투옥 보

Chương 02 놀라움과 무서움을 나타낼 때
Khi biểu hiện sự ngạc nhiên và sợ hãi

놀라움과 무서운 마음을 표현할 때는 어설프게 흉내를 내는 것보다 직접적이면서도 자연스럽게 표현하는 게 좋습니다. 베트남인들이 놀라거나 일을 망쳤을 때 흔히 Ôi trời ơi!(오 마이 갓!), Giật mình!(놀래라!), Tôi ngạc nhiên!(놀랐어!) 등으로 표현합니다.

Bài 1 자신이 놀랐을 때 Khi bản thân ngạc nhiên

💬 저런, 세상에!
Ôi, trời!
오이, 쩌이

💬 하느님 맙소사!
Trời ơi!
쩌이 어이

💬 말도 안 돼!
Không phải chứ!
콤 파이 쯔

💬 어머나!
Ôi!
오이

Phần 04 – 거리낌 없는 감정 표현

💬 깜짝이야!
Giật cả mình!
젓 까 밍

💬 정말 놀랐어!
Tôi thật kinh ngạc!
또이 텃 낑 응악

💬 놀랐어!
Tôi ngạc nhiên!
또이 응악 니엔

💬 굉장한데!
Không thể tưởng tượng nổi!
콤 테 뜨엉 뜨엉 노이

💬 놀래라!
Giật mình!
젓 밍

💬 놀라운 소식이야!
Có tin đáng ngạc nhiên!
꼬 띤 당 응악 니엔

💬 너 때문에 놀랬잖아!
Mình giật mình vì bạn!
밍 젓 밍 비 반

💬 정말이야?
Thật à?
텃 아

💬 설마! 그럴 리가 없어!
Nói đùa à! Lẽ nào lại thế!
노이 두어 아   레 나오 라이 테

💬 내 눈을 믿을 수가 없어!
Tôi không thể tin vào mắt mình được!
또이 콤 테 띤 바오 맛 밍 드억   mắt 눈

💬 농담하는 거니?
Bạn đang nói đùa hả?
반 당 노이 두어 하

💬 정말 좋은 소식이구나!
Thật là tin tốt đấy!
텃 라 띤 똣 더이

💬 정말 나쁜 소식이군!
Thật là tin xấu nhỉ!
텃 라 띤 써우 니   xấu 나쁜, 흉한

💬 전혀 예상조차 못했어!
Tôi không đoán gì cả!
또이 콤 도안 지 까   đoán 예상하다

💬 놀라게 하지 마.
Đừng làm tôi ngạc nhiên.
등 람 또이 응악 니엔

Bài 2 상대방이 놀랐을 때 Khi người ta(đối tượng) ngạc nhiên

💬 놀랐니?
Ngạc nhiên chưa?
응악 니엔 쯔어

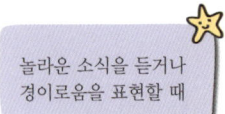
놀라운 소식을 듣거나 경이로움을 표현할 때

💬 놀랐니?
Bạn bị sốc à?
반 비 쏙 아

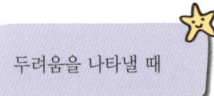
두려움을 나타낼 때

💬 진정해!
Bình tĩnh nhé!
빙 띵 녜

💬 놀라지 마.
Đừng ngạc nhiên.
등 응악 니엔

💬 놀랄 필요 없어.
Không cần ngạc nhiên.
콤 껀 응악 니엔

💬 여러분, 침착하세요! 놀라지 마세요.
Các anh chị, bình tĩnh nhé! đừng ngạc nhiên.
깍 아인 찌, 빙 띵 녜   등 응악 니엔

💬 앉아서 긴장을 푸는 게 좋겠어요.
Mời anh [chị] nên ngồi xuống để thư giãn.
머이 아인 [찌] 넨 응오이 쑤옹 데 트 잔

💬 숨을 깊게 들이쉬고 10까지 세어 봐.
Hãy hít thở sâu và thở ra và đếm đến 10(mười).
하이 힛 터 서우 바 터 자 바 뎀 덴 므어이   đến ~까지

Bài 3   믿겨지지 않을 때 Khi không thể tin được

💬 정말?
Thật à?
텃 아

💬 믿을 수 없어!
Không thể tin được!
콤 테 띤 드억

💬 설마, 믿을 수 없어.
Lẽ nào, tôi không thể tin được.
레 나오, 또이 콤 테 띤 드억

💬 농담하는 거야?
Bạn đang nói đùa à?
반 당 노이 두어 아

💬 진심인가요?
Anh [Chị] thực lòng à?
아인 [찌] 특 롱 아   thực lòng 솔직한, 진실한

💬 그것은 금시초문인데요.
Đến bây giờ tôi mới nghe thấy lần đầu tiên.
덴 버이 저 또이 머이 응에 터이 런 더우 띠엔

> **Bài 4** 무서울 때 Khi sợ

💬 무서워요.
Tôi sợ.
또이 써

💬 무서워 죽겠어요.
Tôi sợ chết đi được.
또이 써 쩻 디 드억

💬 당신이 너무 무서워요.
Tôi sợ anh [chị] quá.
또이 써 아인 [찌] 꾸아

💬 귀신이 너무 무서워요.
Tôi sợ ma quá.
또이 써 마 꾸아   ma 마귀, 귀신, 유령

💬 정말 무서운 영화였어.
Phim thật là đáng sợ.
핌 텃 라 당 써

💬 소름 끼쳐.
Tôi nổi da gà.
또이 노이 쟈 가

💬 얼마나 무서운지 털이 곤두서는 것 같았어요.
Sợ quá lông tóc trên người dựng ngược cả lên.
써 꾸아 롱 똑 쩬 응어이 증 응억 까 렌

💬 간 떨어질 뻔했어요.
Sợ vỡ gan vỡ mật mất thôi.
써 버 간 버 멋 멋 토이   gan 간

💬 너무 무서워서 아무것도 못 하겠어.
Tôi sợ quá đến mức không thể làm gì cả được.
또이 써 꾸아 덴 믁 콤 테 람 지 까 드억

> **Bài 5** 진정시킬 때 Khi làm cho đối phương bình tĩnh lại.

💬 무서워하지 마.
Đừng sợ nữa.
등 써 느어

💬 안심해, 아무 문제없어.
Yên tâm đi, không có vấn đề gì cả.
옌 떰 디, 콤 꼬 번 데 지 까   yên tâm 안심하다

💬 두려워 할 건 아무것도 없어.
Không có gì đáng sợ đâu.
콤 꼬 지 당 써 더우

💬 걱정 마세요, 아무 일도 없을 거예요.
Đừng lo lắng, chắc là không có việc gì cả.
등 로 랑, 짝 라 콤 꼬 비엑 지 까

185

Chương 03 — 근심과 격려를 나타낼 때
Khi biểu hiện sự lo lắng và sự khích lệ

위로하는 방법에도 여러 가지가 있습니다. 상대방이 Tôi buồn lắm(슬퍼요.)라고 말하면, Việc nào rồi cũng tốt cả thôi mà.(다 잘 될 거예요.)라고 격려합니다. Quên hết đi nhé!(잊어버려!) / Đừng chịu sức ép.(스트레스 받지 마) 등도 많이 쓰이는 표현입니다.

Bài 1 걱정을 물을 때 Khi hỏi về lo lắng

💬 무슨 일이야?
Có việc gì thế?
꼬 비엑 지 테

💬 문제가 뭐야?
Vấn đề là gì?
번 데 라 지   vấn đề 문제

💬 걱정되는 일이라도 있어?
Bạn có việc đang lo lắng à?
반 꼬 비엑 당 로 랑 아

💬 집에 무슨 나쁜 일이 있어?
Gia đình bạn có chuyện gì à?
자 딩 반 꼬 쭈엔 지 아

💬 무슨 일로 걱정하는 거야?
Bạn đang lo lắng vì việc gì?
반 당 로 랑 비 비엑 지

💬 왜 그래? 컨디션 안 좋아?
Sao vậy? Tâm trạng không tốt à?
싸오 버이   떰 짱 콤 똣 아

💬 왜 그렇게 초조해하고 있니?
Sao bạn bực bội thế?
싸오 반 븍 보이 테

💬 안색이 좋지 않구나.
Sắc mặt của bạn có vẻ tệ quá.
싹 맛 꾸어 반 꼬 배 떼 꾸아   sắc mặt 안색

💬 괜찮아?
Bạn có sao không?
반 꼬 싸오 콤

💬 무슨 일이야? 컨디션이 안 좋아?
Bạn không sao chứ? Tâm trạng không tốt à?
반 콤 싸오 쯔   떰 짱 콤 똣 아

💬 기분이 언짢아 보여.
Bạn đang rơi vào tâm trạng khó chịu.
반 당 저이 바오 떰 짱 코 찌우   tâm trạng 심경, 마음

💬 우울해 보여.
Bạn rơi vào trầm uất.
반 저이 바오 쩜 우엇

💬 걱정이 있는 것 같아.
Bạn trông có vẻ lo âu. / Hình như bạn có việc lo lắng.
반 쫑 꼬 배 로 어우   힝 느 반 꼬 비엑 로 랑

💬 뭐 잘 안 돼 가니?
Có việc gì không tốt xảy ra à?
꼬 비엑 지 콤 똣 써이 자 아

> **Bài 2** 위로할 때 Khi an ủi

💬 걱정 마.
Đừng lo lắng.
등 로 랑

💬 모든 게 다 잘 될 거야.
Việc nào rồi cũng tốt cả thôi mà.
비엑 나오 조이 꾸응 똣 까 토이 마

💬 걱정은 이제 다 잊어버려!
Bây giờ bao nhiêu lo lắng quên hết đi nhé!
버이 저 바오 니에우 로 랑 꾸엔 헷 디 녜   lo lắng 걱정하다

💬 긍정적으로 생각해.
Hãy suy nghĩ tích cực lên.
하이 쑤이 응이 띡 끅 렌

💬 문제없어요.
Không có vấn đề gì cả.
콤 꼬 번 데 지 까

💬 물론, 확신해요.
Đương nhiên, tôi chắc chắn.
드엉 니엔, 또이 짝 짠

💬 자, 걱정할 것 없어.
Nào, không cần lo lắng.
나오, 콤 껀 로 랑

💬 잊어버려!
Quên hết đi nhé!
꾸엔 헷 디 네

💬 실망하지 마!
Đừng thất vọng nhé!
등 텃 봉 녜

thất vọng 실망한, 낙담한

💬 당신의 마음을 이해해요.
Tôi hiểu tấm lòng của anh [chị].
또이 히에우 떰 롱 꾸어 아인 [찌]

💬 걱정 말고 이제 말해 봐.
Bây giờ bạn đừng lo lắng nữa, cứ nói đi.
버이 저 반 등 로 랑 느어, 끄 노이 디

Chương 03 근심과 걱정을 나타낼 때

💬 부담 갖지 마.
Đừng cảm thấy nặng nề.
등 깜 터이 낭 네

💬 스트레스 받지 마.
Đừng chịu sức ép.
등 찌우 쓱 엡

> **Bài 3** 격려할 때 Khi khích lệ

💬 자, 어서, 힘 내!
Nào, hãy cố lên!
나오, 하이 꼬 렌

💬 기운 내!
Cố lên!
꼬 렌

💬 화이팅! 우리 다 같이 할 수 있어요!
Cố lên! Tất cả chúng ta đều làm được!
꼬 렌 떳 까 쭝 따 데우 람 드억

💬 너는 할 수 있어.
Bạn sẽ thành công được.
반 쎄 타잉 꽁 드억   thành công 성공하다

💬 네 자신을 믿어!
Bạn tự tin lên nhé!
반 뜨 띤 렌 녜

💬 행운을 빌게!
Chúc bạn gặp may mắn nhé!
쭉 반 갑 마이 만 녜

💬 포기하지 마.
Đừng bỏ cuộc.
등 보 꾸옥   bỏ cuộc 포기하다

💬 나는 네 편이야.
Tôi đứng về phía bạn.
또이 등 베 피아 반

💬 자신감을 가져!
Bạn nên tự tin nhé!
반 넨 뜨 띤 녜

💬 난 네가 잘할 거라고 확신해.
Tôi tin chắc là bạn sẽ làm tốt.
또이 띤 짝 라 반 쎄 람 똣

💬 물론, 가능해.
Tất nhiên, bạn có thể làm được.
떳 니엔, 반 꼬 테 람 드억

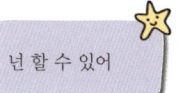
넌 할 수 있어

Chương 04 불만과 불평을 할 때
Khi biểu hiện sự bất mãn và phàn nàn

베트남에서 불만과 불평을 직접적으로 드러내는 것은 결례가 될 수도 있습니다. 불만사항과 불편한 부분을 정중하게 말하거나 완곡하게 표현하거나, 적당히 돌려 말하는 것이 좋습니다. 부정적인 감정을 나타내는 표현으로는 khó chịu(참기 힘든), chán(지루한), bất mãn(불만족한) 등이 있습니다.

Bài 1 귀찮을 때 Khi lười(khó chịu)

💬 **귀찮아!**
Phiền quá!
피엔 꾸아

💬 **아, 참 귀찮아!**
Ôi, phiền toái quá!
오이, 피엔 또와이 꾸아

💬 **넌 참 귀찮아! / 넌 날 귀찮게 해!**
Bạn khó chịu! / Bạn làm tôi khó chịu!
반 코 찌우   반 람 또이 코 찌우

💬 **날 귀찮게 하지 마!**
Đừng làm phiền tôi! / Đừng làm tôi khó chịu!
등 람 피엔 또이   등 람 또이 코 찌우

💬 귀찮게 굴지 말고 저리 가!
Đừng léo nhéo nữa, Đi ra đằng kia!
등 레오 녜오 느어, 디 자 당 끼어　　　　　　　kia 저쪽에

💬 또 시작이군.
Lại bắt đầu thế nhỉ.
라이 밧 더우 테 니　　　　　　　　　　bắt đầu 시작하다

> **Bài 2**　불평을 할 때 Khi phàn nàn

💬 넌 항상 불평하는구나.
Bạn lúc nào cũng phàn nàn.
반 룩 나오 꾸응 판 난　　　　　　　phàn nàn 불평하다

💬 뭐에 대해 불평하는 거예요?
Anh [Chị] đang phàn nàn về điều gì?
아인 [찌] 당 판 난 베 디에우 지

💬 투덜대지 마!
Đừng càu nhàu!
등 까우 나우

💬 불평 좀 그만 해!
Đừng phàn nàn nữa!
등 판 난 느어

💬 왜 그렇게 많이 불평하는 거니?
Sao bạn phàn nàn nhiều thế?
싸오 반 판 난 니에우 테

193

💬 나한테 불만 있어?
Bạn có gì bất mãn với mình à?
반 꼬 지 벗 만 버이 밍 아

bất mãn 불만족한

💬 아무 불만 없어요.
Tôi không có gì bất mãn cả.
또이 콤 꼬 지 벗 만 까

> Bài 3   불만을 나타낼 때 Khi biểu hiện bất mãn

💬 저로서는 불만이에요.
Đối với tôi có bất mãn.
도이 버이 또이 꼬 벗 만

💬 저한테 불만 있어요?
Anh [Chị] có gì bất mãn với tôi?
아인 [찌] 꼬 지 벗 만 버이 또이

💬 왜 그렇게 불만족스러운가요?
Sao anh [chị] bất mãn như thế?
싸오 아인 [찌] 벗 만 느 테

> Bài 4   지겹고 지루할 때 Khi chán ghét

💬 너무 지루해.
Chán quá.
짠 꾸아

chán 지루한

💬 지루해 죽겠어.
Chán chết đi được.
짠 쩻 디 드억

💬 하는 일이 지루하지 않아요?
Việc mà anh [chị] đang làm không chán à?
비엑 마 아인 [찌] 당 람 콤 짠 아

💬 따분하죠, 그렇죠?
Chán quá, đúng không?
짠 꾸아, 둥 콤

💬 생각만 해도 지긋지긋해요.
Tôi mệt mỏi chỉ cần suy nghĩ.
또이 멭 모이 찌 껀 쑤이 응이

💬 지긋지긋해.
Ghê quá.
게 꾸아

ghê 지겹다, 지긋지긋하다

💬 이 일은 정말 지겨워.
Việc này chán quá.
비엑 나이 짠 꾸아

💬 이제 더 이상 견딜 수 없어.
Tôi không thể chịu đựng được nữa.
또이 콤 테 찌우 등 드억 느어

Bài 5 짜증날 때 Khi nổi cáu

💬 **짜증 나!**
Ức chế lắm!
윽 쩨 람

💬 **얼마나 짜증나는지!**
Ức chế quá đi!
윽 쩨 꾸아 디

💬 **정말 스트레스 쌓이는군!**
Thật là bị sức ép!
텃 라 비 쏙 엡

💬 **넌 정말 짜증 나!**
Bạn thật là ức chế quá thể!
반 텃 라 윽 쩨 꾸아 테

감탄과 칭찬을 할 때 Khi cảm thán và khen

상대를 칭찬할 경우에는 Anh [Chị] chơi quần vượt giỏi quá.(테니스를 잘 치시군요.) 등처럼 말합니다만, 지나치게 치켜세우는 것은 금물입니다. 하지만, 칭찬할 때는 조금은 과장되게 하는 것이 좋습니다. 만약 당신이 칭찬을 받았다면 Tôi còn kém lắm.(아직 많이 부족합니다.)라고 말하면 됩니다.

Bài 1   감탄의 기분을 나타낼 때 Khi biểu hiện sự cảm thán

💬 멋지네요! / 훌륭합니다!
Tuyệt vời! / Xuất sắc!
뚜엣 버이   쑤엇 싹

💬 정말 아름답네요!
Thật là đẹp!
텃 라 뎁   đẹp 아름다운

💬 경치가 참 멋져요!
Phong cảnh thật đẹp!
퐁 까잉 텃 뎁

💬 정말 맛있어요!
Ngon thật!
응온 텃   ngon 맛있는

197

Phần 04 — 거리낌 없는 감정 표현

💬 잘했어요!
Làm tốt rồi!
람 똣 조이

💬 정말 재미있네요!
Hay thật đấy!
하이 텃 더이

💬 정말 멋진데요!
Thật sự tuyệt đẹp!
텃 쓰 뚜엣 뎁

💬 날씨가 참 좋아요!
Trời đẹp quá!
쩌이 뎁 꾸아

💬 집이 정말 예뻐요!
Nhà quá đẹp!
냐 꾸아 뎁

💬 그림이 정말 예뻐요!
Bức tranh đẹp thật!
북 짜잉 뎁 텃

bức tranh 그림

> **Bài 2** 능력과 성과를 칭찬할 때 Khi khen năng lực và thành quả

💬 대단하군요!
Giỏi quá!
조이 꾸아

198

💬 참 잘했어요!
Anh [Chị] đã quá giỏi rồi!
아인 [찌] 다 꾸아 조이 조이

💬 정말 훌륭해요!
Thật sự tốt quá!
텃 쓰 똣 꾸아   tốt 훌륭한

💬 아주 잘 하고 있어. 계속 그렇게 하면 돼!
Bạn đang làm rất giỏi. Cứ tiếp tục như thế nhé!
반 당 람 젓 조이   끄 띠엡 뚝 느 테 녜

💬 난 네가 자랑스러워.
Mình tự hào về bạn.
밍 뜨 하오 베 반   tự hào 자부하다, 자랑스럽다

💬 초보치고는 상당히 잘 하네요.
Bạn mới bắt đầu mà giỏi quá.
반 머이 밧 더우 마 조이 꾸아

💬 넌 참 빨리 배우는구나.
Bạn học thật nhanh quá.
반 혹 텃 냐인 꾸아

Bài 3 외모를 칭찬할 때 Khi khen vẻ đẹp bên ngoài

💬 멋있어요!
Anh đẹp trai thế!
아인 뎁 짜이 테

> 남자의 외모를 칭찬할 때

💬 참 예뻐요!
Chị xinh lắm!
찌 씽 람

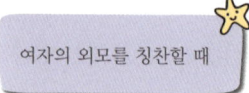
여자의 외모를 칭찬할 때

💬 너무 귀여워!
Dễ thương lắm!
제 트엉 람

dễ thương 귀여운

💬 눈이 참 예쁘세요!
Mắt anh [chị] đẹp quá!
맛 아인 [찌] 뎁 꾸아

💬 나이처럼 보이지 않아요.
Anh [Chị] trông trẻ hơn tuổi ạ.
아인 [찌] 쫑 쩨 헌 뚜오이 아

💬 머리카락이 참 부드럽군요.
Tóc của anh [chị] suôn mềm quá.
똑 꾸어 아인 [찌] 쑤온 멤 꾸아

💬 머리 스타일이 참 잘 어울려요.
Kiểu tóc thật là phù hợp với anh [chị].
끼에우 똑 텃 라 푸 헙 버이 아인 [찌]

phù hợp 어울리다, 부합하다

💬 원피스가 너한테 잘 어울려.
Chiếc váy này hợp với dáng bạn quá.
찌엑 바이 나이 헙 버이 장 반 꾸아

💬 몸매가 정말 예뻐!

Anh [Chị] ấy có thân hình thật đẹp!

아인 [찌] 어이 꼬 턴 힝 텃 뎁

> 3자에 대해 얘기할 때

💬 너한테 반했어.

Mình phải lòng bạn.

밍 파이 롱 반

phải lòng ~와 사랑에 빠지다

💬 당신이 남자 친구가 있다고 확신해요.

Tôi chắc chắn là bạn có bạn trai rồi.

또이 짝 짠 라 반 꼬 반 짜이 조이

💬 정말 멋진데! 어디에서 샀어?

Tuyệt vời! Bạn mua ở đâu?

뚜엣 비이   반 무어 어 더우

💬 사진보다 실물이 더 예뻐.

Gặp bên ngoài đẹp hơn trong ảnh.

갑 벤 응와이 뎁 헌 쫑 아인

Bài 4 재주와 실력을 칭찬할 때 Khi khen tài năng và năng lực

💬 넌 기억력이 참 좋구나!

Trí nhớ của bạn tốt quá!

찌 녀 꾸어 반 똣 꾸아

trí nhớ 기억력

💬 넌 요리를 참 잘하는구나!

Bạn nấu nướng thật giỏi!

반 너우 느엉 텃 조이

nấu nướng 요리하다

Chương 05 칭찬과 겸손을 할 때

201

💬 년 수학 천재야!
Bạn là thiên tài toán học!
반 라 티엔 따이 또안 혹

💬 년 참 재능이 많아!
Bạn có nhiều tài thế!
반 꼬 니에우 따이 테

💬 년 음악에 재능이 있어!
Bạn có tài năng về âm nhạc!
반 꼬 따이 낭 베 엄 냑

💬 참 잘하는구나! 참 부럽다!
Bạn giỏi thật! Ghen tị lắm!
반 조이 텃   겐 띠 람   giỏi 잘하는

💬 베트남어를 어떻게 그렇게 잘 하니?
Bạn nói tiếng Việt giỏi như thế sao?
반 노이 띠엥 비엣 조이 느 테 사오

💬 년 못하는 게 없구나.
Bạn làm việc gì cũng giỏi quá.
반 람 비엑 지 꾸응 조이 꾸아

💬 년 그럴 자격이 있어.
Bạn có tư cách làm như thế.
반 꼬 뜨 까익 람 느 테

> **Bài 5** 그 밖의 여러 가지를 칭찬할 때 Khi khen trong tình hình v.v

💬 **그거 정말 좋은데요.**
Ồ đó thật là điều tốt đấy.
오 도 텃 라 디에우 똣 더이

💬 **정말 근사해요!**
Tuyệt vời!
뚜엣 버이

💬 **집이 정말 멋져요!**
Nhà đẹp quá!
냐 뎁 꾸아

> **Bài 6** 친절과 성격에 대해 칭찬할 때 Khi khen sự tốt bụng và tính cách

💬 **넌 참 상냥하구나!**
Bạn tử tế quá!
반 뜨 떼 꾸아   tử tế 상냥한, 친절한

💬 **당신은 참 친절하시군요!**
Anh [Chị] rất tử tế!
아인 [찌] 젓 뜨 떼   thông minh 똑똑한

💬 **넌 참 똑똑해!**
Bạn thật là thông minh!
반 텃 라 통 밍

💬 참 세심하시군요!
Anh [Chị] thật là người chu đáo!
아인 [찌] 텃 라 응어이 쭈 다오

💬 넌 항상 나한테 잘해 줬어.
Bất cứ lúc nào bạn cũng đối xử tốt với mình.
벗 끄 룩 나오 반 꿍 도이 쓰 똣 버이 밍

💬 넌 참 사리분별력이 있는 사람이야.
Bạn thật là người biết điều hơn lẽ phải.
반 텃 라 응어이 비엣 디에우 헌 레 파이

Bài 7 칭찬에 대한 응답 *Đáp lại lời khen*

💬 그렇게 말해 주니 고마워요.
Tôi cảm ơn vì anh [chị] nói như thế.
또이 깜 언 비 아인 [찌] 노이 느 테

💬 비행기 태우지 마.
Thôi, đừng có cho nhau đi tàu bay giấy nữa.
토이, 등 꼬 쪼 냐우 디 따우 바이 저이 느어

💬 제가 한 턱 내야겠군요.
Tôi phải chiêu đãi nhỉ.
또이 파이 찌에우 다이 니

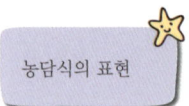
농담식의 표현

💬 넌 참 다정하구나!
Bạn thật là người giàu tình cảm!
반 텃 라 응어이 자우 띵 깜

tình cảm 감정, 정감

204

비난과 책망을 할 때 Khi chỉ trích và trách mắng

비난을 하거나 말싸움을 하거나 상대를 꾸짖는 표현은 외국인 입장에서는 사용할 기회가 별로 없을 것입니다. 하지만 사람들과의 만남에서 항상 좋은 일만 있을 수 없습니다. 따라서 이러한 표현은 만약을 대비해서 익혀두면 적절하게 활용할 수 있습니다. 상대방의 말이 지나칠 경우에는 Sao bạn dám nói như thế với tôi hả?(나한테 어떻게 그런 말을 할 수 있어?)라고 따끔하게 한 마디 해두는 것도 잊지 맙시다.

Bài 1 비난할 때 Khi chỉ trích

💬 창피해!

Xấu hổ quá!

써우 호 꾸아

xấu hổ 부끄러운, 창피한

💬 창피하지 않니?

Bạn không xấu hổ à?

반 콤 써우 호 아

💬 구역질 나!

Buồn nôn quá!

부온 논 꾸아

💬 바보 같은 짓 하지 마!

Đừng làm như người ngốc!

등 람 느 응어이 응옥

💬 너 미쳤어?
Bạn bị điên à?
반 비 디엔 아

💬 왜 그렇게 행동하니?
Tại sao bạn hành động như thế?
따이 싸오 반 하잉 동 느 테

💬 저질!
Hèn kém!
핸 깸

💬 얼굴이 두껍군! 뻔뻔하군!
Đồ mặt dày! Vênh váo quá!
도 맛 자이 　　　 베잉 바오 꾸아

💬 정말 유치하군!
Thật là ấu trĩ!
텃 라 어우 찌　　　　　　　　　　　　ấu trĩ 유치한

💬 유치하게 굴지 마!
Đừng ấu trĩ như thế!
등 어우 찌 느 테

💬 당신은 정말 바보야.
Anh thật là ngốc nghếch.
아인 텃 라 응옥 응에익　　　　　　　ngốc nghếch 어리석은

💬 너 참 어리석구나!
Bạn thật ngu xuẩn!
반 텃 응우 쑤언

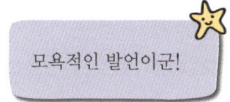
모욕적인 발언이군!

💬 바보처럼 굴지 마!
Đừng làm như ngớ ngẩn nữa!
등 람 느 응어 응언 느어

💬 넌 눈치가 전혀 없구나!
Bạn thật không tinh mắt!
반 텃 콤 띵 맛

💬 정신 나갔어?
Bạn không tỉnh táo à?
반 콤 띵 따오 아

💬 네가 할 줄 아는 게 뭐야?
Bạn không biết làm gì hả?
반 콤 비엣 람 지 하

Bài 2   말싸움을 할 때 Khi cãi nhau

💬 이봐요! 목소리 좀 낮춰요!
Nào! Hạ giọng xuống đã!
나오 하 종 쑤옹 다   hạ giọng 목소리를 낮추다

💬 이봐! 소리 지르지 마.
Nào! Đừng có gào lên như thế.
나오 등 꼬 가오 렌 느 테

207

Phần 04 - 거리낌 없는 감정 표현

💬 바보 같은 소리하지 마.
Đừng nói như thằng ngốc.
등 노이 느 탕 응옥

💬 정말 실망이야!
Thất vọng quá!
텃 봉 꾸아

💬 집어 쳐!
Ngừng lại ở đó đi!
응응 라이 어 도 디

💬 감히 나한테 어떻게 그렇게 얘기할 수 있어?
Sao bạn dám nói như thế với tôi hả?
싸오 반 잠 노이 느 테 버이 또이 하

💬 왜 내가 잘못했다는 거야?
Sao mình làm sai à?
싸오 밍 람 싸이 아

💬 이제 닥쳐! 제기랄!
Nào, im đi! Khốn kiếp!
나오, 임 디   콘 끼엡

💬 한 대 갈겨 주겠어!
Tao sẽ đấm mày!
따오 쎄 덤 바오 마이

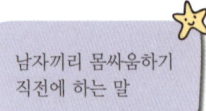
남자끼리 몸싸움하기 직전에 하는 말

💬 네가 완전히 망쳤어.
Bạn làm hỏng hết rồi.
반 람 홍 헷 조이

hỏng 고장 나다, 상하다

💬 네 잘못이었어.
Đó là lỗi của bạn.
도 라 로이 꾸어 반

💬 네가 틀린 거야. / 잘못 안 거야.
Bạn sai rồi. / Bạn hiểu nhầm rồi.
반 싸이 조이   반 히에우 념 조이

Bài 3 변명을 할 때 Khi biện minh

💬 변명하지 마.
Đừng biện minh.
등 비엔 밍

biện minh 변명하다

💬 변명은 듣고 싶지 않아.
Lời biện minh thì tôi không muốn nghe.
러이 비엔 밍 티 또이 콤 무온 응에

💬 이제 변명은 됐어.
Biện minh thì thôi đi.
비엔 밍 티 토이 디

💬 그건 변명이 안 돼.
Đó chưa phải là biện minh đâu.
도 쯔어 파이 라 비엔 밍 더우

💬 바보 같은 걸로 시비 걸지 마.
Đừng kiếm chuyện như người ngu ngốc nữa.
등 끼엠 쭈엔 느 응어으 응우 응옥 느어

> **Bài 4** 꾸짖을 때 Khi trách mắng

💬 이제 다시는 절대 그러지 마.
Từ nay đừng bao giờ làm thế nữa.
뜨 나이 등 바오 저 람 테 느어

💬 말대꾸하지 마.
Đừng bắt bẻ.
등 밧 배

💬 징징대지 마.
Đừng nhõng nhẽo nữa.
등 뇽 녜오 느어   nhõng nhẽo 졸라대다

💬 내 말 좀 들어!
Hãy nghe lời của mình nhé!
하이 응에 러이 꾸어 밍 녜

💬 모르면 아무 말도 하지 마.
Bạn không biết thì đừng nói gì cả.
반 콤 비엣 티 등 노이 지 까

💬 얌전하게 굴어! 점잖게 행동해!
Cư xử hiền lành đi! Cư xử lịch lãm!
끄 쓰 히엔 라잉 디   끄 쓰 릭 람

💬 투덜대지 마!
Đừng có càu nhàu nữa!
등 꼬 까우 냐우 느어   càu nhàu 불평하다, 투덜대다

💬 꾀부리지 마!
Đừng có bày trò! Đừng trốn tránh!
등 꼬 바이 쩌   등 쫀 짜잉

💬 정신차려!
Tỉnh táo lại đi!
띵 따오 라이 디

> **Bài 5**   화해할 때 Khi hòa giải

💬 이제 됐어!
Bây giờ thôi đi!
버이 져 토이 디

💬 말다툼 그만하는 게 어떨까?
Chúng ta dừng cãi nhau thế nào?
쭝 따 증 까이 냐우 테 나오

💬 그날 일은 잊어버려!
Quên việc đã xảy ra ngày đó đi!
꾸엔 비엑 다 써이 자 응아이 도 디   quên 잊다

💬 화해하자!
Chúng ta làm lành với nhau nhé!
쭝 따 람 라잉 버이 냐우 녜

211

Phần 05

Vietnamese Conversation for Beginners

일상생활의 화제 표현
Biểu hiện chủ đề trong cuộc sống hằng ngày
비에우 히엔 쭈 데 쫑 꾸옥 쏭 항 응이이

01. 가족에 대해서
02. 직장에 대해서
03. 학교에 대해서
04. 연애와 결혼에 대해서
05. 여가. 취미. 오락에 대해서

사람에 따라 다르지만 베트남 사람(전체)들은 대부분 아침을 먹습니다. 쌀국수를 먹거나 찹쌀밥을 먹거나 혹은 빵을 먹기도 합니다. 비즈니스를 위한 식사 접대는 점심과 저녁 언제든 시간이 있을 때 이루어집니다. 퇴근 후에는 바로 식사를 겸하여 친구들과 함께 맥주를 마시러 가기도 하고 가볍게 맥주를 마신 후 가족들과 함께 저녁을 먹기도 합니다.

가족에 대해서 Về gia đình

처음 만났을 때는 지나치게 개인적인 질문을 피하는 게 좋습니다. 그러나 약간 친해지면 Anh [Chị] có anh chị em không?(형제자매는 있으세요?), Gia đình anh [chị] có mấy người?(가족은 몇 분이나 되니까?), Anh [Chị] có mấy con trai và con gái?(아이들은 몇 명이나 되니까?) 등으로 대화를 시작합니다.

Bài 1 가족에 대해 말할 때 Khi nói về gia đình

💬 가족은 몇 명이야?
Gia đình bạn có mấy người?
자 딩 반 꼬 머이 응어이

gia đình 가정, 가족

💬 가족이 많아?
Gia đình bạn có đông người không?
자 딩 반 꼬 동 응어이 콤

💬 가족에 대해 말해 주세요.
Hãy nói về gia đình của bạn.
하이 노이 베 자딩 꾸어 반

💬 나는 부모님과 사이가 좋아.
Quan hệ giữa bố mẹ và mình tốt.
꾸안 헤 즈어 보 메 바 밍 똣

214

💬 난 외동아들이야. 넌?
Mình là con trai một trong nhà, còn bạn?
밍 라 꼰 짜이 못 쫑 냐, 꼰 반   con trai 아들

💬 가족들이 그리워요.
Mình nhớ gia đình lắm.
밍 녀 자 딩 람

💬 가족은 나에게 아주 중요해요.
Đối với mình, gia đình quan trọng lắm.
도이 버이 밍, 자 딩 꾸안 쫑 람

💬 우리 가족은 아주 화목해요.
Gia đình mình hòa thuận lắm.
자 딩 빙 호아 투언 람   hòa thuận (가정이) 화목한

💬 부모님과 함께 사니?
Bạn đang sống với bố mẹ à?
반 당 쏭 버이 보 메 아

💬 남편은 무슨 일을 해?
Chồng bạn làm nghề gì?
쫑 반 람 응예 지   chồng 남편

💬 부모님 연세가 어떻게 돼?
Bố mẹ của bạn năm nay bao nhiêu tuổi?
보 메 꾸어 반 남 나이 바오 니에우 뚜오이

215

💬 아내가 일을 하나요?
Vợ của anh có đi làm không ạ?
버 꾸어 아인 꼬 디 람 콤 아

Vợ 아내

💬 아버지는 어떤 일을 하시니?
Bố của bạn làm nghề gì?
보 꾸어 반 람 응예 지

💬 부모님은 어떤 분들이시니?
Bố mẹ của bạn là người như thế nào?
보 메 꾸어 반 라 응우이 느 테 나오

> **Bài 2** 형제자매와 친척에 대해 말할 때 Khi nói về anh chị em và họ hàng

💬 형제가 몇 명이야?
Bạn có mấy anh chị em?
반 꼬 머이 아인 찌 앰

💬 형이 두 명, 여동생이 한 명이야.
Mình có hai anh trai, một em gái.
밍 꼬 하이 아인 짜이, 못 앰 가이

💬 형제자매가 있어?
Bạn có anh chị em không?
반 꼬 아인 찌 앰 콤

💬 아니, 없어. 난 외동아들이야.
Không, không có. Tôi là con độc đinh.
콤, 콤 꼬   또이 라 꼰 독 딩

💬 동생은 몇 살이야?
Em ruột của bạn năm nay bao nhiêu tuổi?
앰 주옷 꾸어 반 남 나이 바오 니에우 뚜오이

💬 내 남동생은 나보다 두 살 어려.
Em trai của mình kém mình 2 tuổi.
앰 짜이 꾸어 밍 깸 밍 하이 뚜오이   tuổi 나이, ~세

💬 우리는 쌍둥이예요.
Chúng tôi là anh em sinh đôi.
쭝 또이 라 아인 앰 씽 도이   sinh đôi 쌍둥이의

💬 사촌형제가 있어? 자주 만나?
Bạn có anh em họ không? Có hay gặp nhau không?
반 꼬 아인 앰 호 콤   꼬 하이 갑 냐우 콤

> **Bài 3** 자녀에 대해 말할 때 Khi nói về con cái

💬 아들딸은 몇 명이야?
Bạn có mấy con trai và con gái?
반 꼬 머이 꼰 짜이 바 꼰 가이

💬 자녀들은 언제 가질 예정이니?
Khi nào bạn định sinh con?
키 나오 반 딩 씽 꼰

💬 애들은 있어?
Bạn có con cái không?
반 꼬 꼰 까이 콤

217

💬 아이들 이름이 뭐야?
Con của bạn tên là gì?
꼰 꾸어 반 뗀 라 지 　　　　　　　　　　　　　　　tên 이름

💬 아이들은 몇 살이야?
Con của bạn năm nay bao nhiêu tuổi?
꼰 꾸어 반 남 나이 바오 니에우 뚜오이

💬 아이들은 학교에 다녀?
Con của bạn đi học không?
꼰 꾸어 반 디 혹 콤　　　　　　　　　　　đi học 학교에 가다

💬 내 애들은 초등학생이야.
Con mình là học sinh cấp một.
꼰 밍 라 혹 씽 껍 못

Chương 02 — 직장에 대해서 Về nơi làm việc

파트타임으로 일하는 경우에는 Tôi làm thêm ở siêu thị.(슈퍼에서 파트타임으로 일합니다.)로 대답하며, 상대가 회사에서 일하고 있을 때는 Anh [Chị] phụ trách chuyên môn gì ạ?(그 회사에서 어떤 일을 하고 계십니까?)라는 질문으로 일의 내용을 알 수 있습니다. 이에 대해 Tôi làm ở bộ phận maketing.(마케팅부에서 일합니다.) 등으로 대답하면 됩니다.

Bài 1 직장에 대해 말할 때 Khi nói về nơi làm việc

💬 어디에서 일하시나요?

Anh [Chị] đang làm ở đâu ạ?

아인 [찌] 당 람 어 더우 아

💬 어느 회사에서 일하시나요?

Anh [Chị] đang làm ở công ty nào ạ?

아인 [찌] 당 람 어 꽁 띠 나오 아   công ty 회사

💬 회사가 어디에 있나요?

Công ty của anh [chị] ở đâu ạ?

꽁 띠 꾸어 아인 [찌] 어 더우 아

💬 직책이 뭐예요?

Chức vụ của anh [chị] là gì ạ?

쯕 부 꾸어 아인 [찌] 라 지 아

💬 어떤 업무를 하시나요?
Anh [Chị] phụ trách chuyên môn gì ạ?
아인 [찌] 푸 짜익 쭈엔 몬 지 아

💬 마케팅 부서에서 일해요.
Tôi làm ở bộ phận maketing.
또이 람 어 보 펀 마케팅

💬 저는 인사과의 실장이에요.
Tôi là trưởng phòng nhân sự.
또이 라 쯔엉 퐁 년 쓰

💬 저는 판매를 담당하고 있어요.
Tôi phụ trách về bán sản phẩm.
또이 푸 짜익 베 반 싼 펌

bán 판매하다

> **Bài 2** 근무에 대해 말할 때 Khi nói về công việc

💬 근무한 지는 얼마나 되셨어요?
Anh [Chị] làm việc lâu chưa?
아인 [찌] 람 비엑 러우 쯔어

💬 근무 시간이 어떻게 되나요?
Thời gian làm việc của anh [chị] như thế nào?
터이 잔 람 비엑 꾸어 아인 [찌] 느 테 나오

💬 주 5일 근무해요.
Tôi làm 5(năm) ngày.
또이 람 남 응아이

💬 토요일은 쉬어요.
Tôi nghỉ làm vào thứ 7(bẩy).
또이 응이 람 바오 트 버이

💬 오늘 밤은 야근이에요.
Tối nay tôi làm đêm.
또이 나이 또이 람 뎀

💬 오늘은 당직이에요.
Hôm nay tôi trực đêm.
홈나이 또이 쯕 뎀

> **Bài 3** 급여에 대해 말할 때 Khi nói về tiền lương

💬 월급날은 언제인가요?
Ngày nhận lương là ngày bao nhiêu?
응아이 년 르엉 라 응아이 바오 니에우   lương 임금, 급료

💬 연봉은 얼마인가요?
Mức lương năm là bao nhiêu?
믁 르엉 남 라 바오 니에우

💬 제 급여는 쥐꼬리 만해요.
Lương của tôi chẳng đáng bao nhiêu.
르엉 꾸어 또이 짱 당 바오 니에우

💬 월급이 인상됐어요.
Lương của tôi được tăng.
르엉 꾸어 또이 드억 땅

Chương 02 직장에 대해서

💬 나는 매달 10일에 월급을 받아요.
Tôi nhận lương vào ngày 10(mười).
또이 년 르엉 바오 응아이 므어이

💬 월급날이 임박했어요.
Ngày lĩnh lương sắp đến.
응아이 링 르엉 쌉 덴   sắp 곧

Bài 4   승진에 대해 말할 때 Khi nói về thăng cấp

💬 내년에는 승진하길 바래요.
Tôi mong muốn anh [chị] được thăng chức năm sau.
또이 몽 무온 아인 [찌] 드억 탕 쯕 남 싸우

💬 당신은 승진할 자격이 있어요.
Anh [Chị] có tư cách được thăng cấp.
아인 [찌] 꼬 뜨 까익 드억 탕 껍   thăng cấp 승진하다

💬 저 홍보팀 실장으로 승진했어요.
Tôi được thăng cấp lên trưởng phòng quảng cáo.
또이 드억 탕 껍 렌 쯔엉 퐁 꾸앙 까오

💬 그는 직장에 연줄이 있어요.
Anh [Chị] ấy có quan hệ trong công ty.
아인 [찌] 어이 꼬 꾸안 헤 쫑 꽁 띠

💬 이번에도 승진하지 못 했어요.
Lần này tôi cũng không được thăng cấp.
런 나이 또이 꿍 콤 드억 탕 껍

💬 승진하기 위해서는 상사에게 아첨은 필수야.

Để được thăng cấp, quà cáp cho cấp trên là điều cần thiết.

데 드억 탕 껍, 꾸아 깝 쪼 껍 쩬 라 디에우 껀 티엣

Bài 5   출퇴근에 대해 말할 때 Khi nói về đi làm và tan

💬 어떻게 출근해?

Bạn đi làm bằng gì?

반 디 람 방 지

💬 대개 지하철로 출근해.

Hầu như mình đi làm bằng tàu điện ngầm.

허우 느 밍 디 람 방 따우 디엔 응엄   tàu điện ngầm 지하철

💬 출근하는 데 시간이 얼마나 걸려?

Bạn đi đến chỗ làm mất khoảng bao lâu?

반 디 덴 쪼 람 멋 코앙 바오 러우

💬 몇 시에 퇴근해?

Bạn về nhà lúc mấy giờ?

반 베 냐 룩 머이 저

💬 6시 정시 퇴근해.

Tôi về lúc 6 giờ tối.

또이 베 룩 싸우 져 또이

Chương 02 직장에 대해서

223

💬 방금 퇴근했어요.
Tôi vừa mới về nhà.
또이 브어 머이 베 냐

💬 평소에 8시 넘어서 퇴근해.
Bình thường tôi về nhà sau 8 giờ.
빙 트엉 또이 베 냐 싸우 땀 저

> Bài 6   휴가에 대해 말할 때 Khi nói về nghỉ phép

💬 휴가는 며칠간이에요?
Thời gian nghỉ phép là bao lâu ạ?
터이 잔 응이 펩 라 바오 러우 아   nghỉ phép 연차휴가, 유급휴가

💬 휴가는 언제부터 시작하나요?
Khi nào bắt đầu nghỉ phép ạ?
키 나오 밧 더우 응이 펩 아

💬 저는 휴가 중이에요.
Tôi đang nghỉ phép.
또이 당 응이 펩

💬 내일 휴가를 낼 수 있을까요?
Ngày mai tôi xin nghỉ được không ạ?
응아이 마이 또이 씬 응이 드억 콤 아

💬 1년에 15일의 휴가를 가질 수 있어요.

Anh [Chị] có thể nghỉ phép 15(mười lăm) ngày trong 1 năm.

아인 [찌] 꼬 테 응이 펩 므어이 람 응아이 쫑 못 남

💬 너무 바빠서 휴가를 가질 여유가 없어요.

Tôi bận quá nên không có nhiều dịp để nghỉ phép.

또이 번 꾸아 넨 콤 꼬 니에우 집 데 응이 펩

Bài 7   상사에 대해 말할 때 Khi nói về cấp trên

💬 상사는 어떤 사람인가요?

Cấp trên của anh [chị] là người như thế nào?

껍 쩬 꾸어 아인 [찌] 라 응어이 느 테 나오

💬 제 상사는 아주 깐깐해요.

Cấp trên của tôi rất cẩn trọng.

껍 쩬 꾸어 또이 젓 껀 쫑   cấp trên 고위계층, 상사

💬 상사와의 사이는 어때요?

Quan hệ giữa anh [chị] và cấp trên thế nào?

꾸안 헤 즈어 아인 [찌] 바 껍 쩬 테 나오

💬 이분이 제 상사인 흐엉 씨예요.

Đây là cấp trên của tôi, chị Hương.

데이 라 껍 쩬 꾸어 또이, 찌 흐엉

💬 제 상사가 새로운 프로젝트를 책임지고 있어요.
Cấp trên của tôi chịu trách nhiệm về dự án mới.
껍 쩬 꾸어 또이 찌우 짜익 니엠 베 즈 안 머이

Bài 8 사직·퇴직에 대해 말할 때 Khi nói về từ chức và thôi việc

💬 언제 퇴직할 거예요?
Khi nào anh [chị] về hưu ạ?
키 나오 아인 [찌] 베 흐우 아   về hưu 퇴직하다

💬 65세에 퇴직할 거예요.
Tôi sẽ về hưu vào năm 65(sáu mươi lăm) tuổi.
또이 쎄 베 흐우 바오 남 싸우 람 뚜오이

💬 저는 퇴직했어요.
Tôi về hưu rồi.
또이 베 흐우 조이

💬 퇴직금이 얼마예요?
Tiền trợ cấp thôi việc là bao nhiêu ạ?
띠엔 쩌 껍 토이 비엑 라 바오 니에우 아

💬 그는 해고당했어요.
Anh [Chị] ấy bị thôi việc.
아인 [찌] 어이 비 토이 비엑

💬 저는 현재 실업자예요.
Tôi đang thất nghiệp.
또이 당 텃 응이엡

💬 저는 해고됐어요.
Tôi bị sa thải.
또이 비 싸 타이

Chương 03 학교에 대해서 *Nói về trường học*

베트남에서는 초등학교에서부터 고등학교까지 통합해서 학년을 말하는 경우가 많기 때문에 중학 1학년은 6학년이라고 하게 됩니다. 또한 학년에 대해서 lớp~(~학년)를 사용해서 Con trai của tôi là lớp 12.(제 아들은 12학년입니다.)라고 할 수 있습니다. 참고로 베트남 학제는 초등학교는 5년, 중학교는 4년, 고등학교는 3년, 전문대학교는 2~3년, 대학교는 4~6년, 대학원은 2~3년 과정으로 이루어져 있습니다.

Bài 1 출신학교에 대해 말할 때 *Khi nói về trường học trước đây*

💬 어느 고등학교에 다니니?
Em đang học trường cấp ba nào?
앰 당 혹 쯔엉 껍 바 나오   trường cấp ba 고등학교

💬 어느 대학교에 다니나요?
Em đang học trường đại học nào?
앰 당 혹 쯔엉 다이 혹 나오   trường đại học 대학교

💬 저는 대학생이에요.
Em là sinh viên.
앰 라 씬 비엔

💬 대학교를 졸업했나요?
Anh [Chị] đã tốt nghiệp trường đại học chưa?
아인 [찌] 다 똣 응이엡 쯔엉 다이 혹 쯔어

💬 대학교를 갓 졸업했어요.
Tôi vừa mới tốt nghiệp trường đại học.
또이 브어 머이 똣 응이엡 쯔엉 다이 혹

💬 작년에 졸업했어요.
Tôi tốt nghiệp năm ngoái.
또이 똣 응이엡 남 응와이   tốt nghiệp 졸업하다

💬 졸업한 지 오래 됐어요.
Tôi tốt nghiệp lâu rồi.
또이 똣 응이엡 러우 조이

💬 대학을 중퇴했어요.
Tôi bỏ học đại học giữa chừng.
또이 보 혹 다이 혹 즈어 쯩   giữa chừng 도중에

💬 하노이대학을 나왔어요.
Tôi tốt nghiệp trường đại học Hà Nội.
또이 똣 응이엡 쯔엉 다이 혹 하 노이

💬 백화대학에서 석사를 했어요.
Tôi học thạc sĩ ở trường đại học Bách Khoa.
또이 혹 탁 씨 어 쯔엉 다이 혹 바익 콰

Bài 2 학년에 대해 말할 때 Khi nói về niên học

💬 몇 학년이세요?
Anh [Chị] là sinh viên năm mấy?
아인 [찌] 라 씬 비엔 남 머이

💬 3학년이에요.
Tôi là sinh viên năm thứ ba.
또이 라 씬 비엔 남 트 바

💬 2학기예요.
Tôi đang học học kì 2(hai).
또이 당 혹 혹 끼 하이

Bài 3 전공에 대해 말할 때 Khi nói về chuyên ngành

💬 전공이 뭔가요?
Chuyên ngành của anh [chị] là gì?
쭈옌 응아잉 꾸어 아인 [찌] 라 지   chuyên ngành 전공분야, 전공학과

💬 제 전공은 경영학이에요.
Chuyên ngành của tôi là kinh doanh học.
쭈옌 응아잉 꾸어 또이 라 낑 조아잉 혹

💬 법학을 전공했어요.
Tôi học chuyên ngành luật.
또이 혹 쭈옌 응아잉 루엇

Bài 4 학교생활에 대해 말할 때 Khi nói về sinh hoạt trường

💬 다음 학기 수강 신청을 했어요.
Tôi đăng ký môn học học kỳ năm sau.
또이 당 끼 몬 혹 혹 끼 남 싸우

💬 이번 학기에는 몇 과목 듣니?
Học kỳ này bạn học mấy môn?
혹 끼 나이 반 혹 머이 몬

💬 내일 발표가 있어.
Ngày mai tôi có thuyết trình.
응아이 마이 또이 꼬 투옛 찡

💬 다음 주까지 레포트 제출해야 해.
Trong tuần sau tôi phải nộp báo cáo.
쫑 뚜언 싸우 또이 파이 놉 바오 까오

💬 장학금을 받고 공부했어요.
Khi tôi đang học thì được nhận học bổng.
키 또이 당 혹 티 드억 년 혹 봉   học bổng 장학금

💬 복수전공을 했어요.
Tôi học 2 chuyên ngành.
또이 혹 하이 쭈옌 응아잉

💬 졸업이 한 학기 남았어.
Tôi còn một học kì nữa là tốt nghiệp.
또이 꼰 못 혹 끼 느어 라 똣 응이엡

💬 휴학했어요.
Tôi nghỉ bảo lưu.
또이 응이 바오 르우

💬 졸업하려면 총 36학점을 이수해야 해.

Tôi phải hoàn thành đủ 36(ba mươi sáu) điểm học trình.

또이 파이 호안 타잉 두 바 므어이 싸우 디엠 혹 찡

💬 내가 제일 좋아하는 과목은 심리학이야.

Môn mà tôi thích nhất là môn tâm lý học.

몬 마 또이 틱 녓 라 몬 떰 리 혹   nhất 가장

💬 다음 학기에 한 회사에서 인턴할 거야.

Học kỳ sau tôi sẽ làm thực tập sinh ở một công ty.

혹 끼 싸우 또이 쎄 람 특 떱 씽 어 못 꽁 띠

💬 졸업하고 뭘 해야 할지 모르겠어.

Tôi chưa biết sau khi tốt nghiệp tôi nên làm gì.

또이 쯔어 비엣 싸우 키 똣 응이엡 또이 넨 람 지

💬 스펙을 쌓아야 해.

Tôi phải chuẩn bị khả năng hoàn thiện hồ sơ.

또이 파이 쭈언 비 카 낭 호안 티엔 호 써

Bài 5 시험과 성적에 대해 말할 때 Khi nói về thi và điểm

💬 시험에서 실수를 많이 했어.

Trong khi thi tôi làm sai nhiều.

쫑 키 티 또이 람 싸이 니에우

💬 영어 시험에서 낙제했어.
Tôi thi trượt môn tiếng Anh.
또이 티 쯔엇 몬 띠엥 아인

tiếng Anh 영어

💬 시험에서 성적이 좋았어.
Tôi nhận được điểm cao trong kì thi.
또이 년 드억 디엠 까오 쫑 끼 티

💬 시험에 통과했어.
Tôi thi đỗ rồi.
또이 티 도 조이

💬 기말 시험에서 좋은 성적을 받아야 해.
Tôi phải nhận điểm cao trong khi thi cuối kỳ.
또이 파이 년 디엠 까오 쫑 키 티 꾸오이 끼

💬 지난 학기보다 수학 성적이 더 좋아.
Điểm toán học tốt hơn học kỳ trước.
디엠 또안 혹 똣 헌 혹 끼 쯔억

toán học 수학

💬 학과에서 최고의 성적을 받았어.
Tôi nhận điểm cao nhất trong khoa.
또이 년 디엠 까오 녓 쫑 콰

 ## 연애와 결혼에 대해서
Khi nói về tình yêu và hôn nhân

베트남에서는 여자의 음력 나이에 맞춰 결혼을 합니다. 여성의 음력 나이가 26세일 때는 결혼을 기피하는 편입니다. 일찍 결혼하는 경우 19세에서 20세면 결혼을 하고 일반적으로는 대학을 졸업하고 일자리가 안정되면 결혼을 합니다. 고향, 학교 친구나 알고 지내는 사람과 연애 후 결혼하는 경우가 많습니다.

Bài 1 연애 타입에 대해 말할 때 Khi nói về kiểu hẹn hò

💬 사귀는 사람 있어요?

Anh [Chị] đang có người yêu chứ?

아인 [찌] 당 꼬 응어이 이에우 쯔

💬 여자친구 좀 소개시켜 주세요!

Bạn giới thiệu bạn gái cho tôi nhé!

반 저이 티에우 반 가이 쪼 또이 녜   giới thiệu 소개하다

💬 어떤 타입의 남자를 좋아하세요?

Chị thích con trai như thế nào vậy?

찌 틱 꼰 짜이 느 테 나오 버이

💬 그는 내 이상형이에요.

Anh [Chị] ấy là mẫu người lý tưởng.

아인 [찌] 어이 라 머우 응어이 리 뜨엉

💬 그녀는 제 타입이 아니에요.
Cô ấy không phải là kiểu của tôi.
꼬 어이 콤 파이 라 끼에우 꾸어 또이

💬 외모는 상관없어요.
Ngoại hình không phải điều quan trọng.
응와이 힝 콤 파이 디에우 꾸안 쫑   ngoại hình 외모, 외형

💬 성격이 아주 중요해요.
Quan trọng nhất là tính cách.
꾸안 쫑 녓 라 띵 까익   tính cách 성격, 기질

> **Bài 2** 데이트에 대해 말할 때 Khi nói về hẹn hò

💬 저와 데이트 하시겠어요?
Chúng ta hẹn hò với nhau được không?
쭝 따 핸 호 버이 냐우 드억 콤

💬 당신과 사귀고 싶어요.
Tôi muốn chúng ta gặp nhau.
또이 무온 쭝 따 갑 냐우

💬 당신이 마음에 들어요.
Anh [Chị] rất hợp tôi.
아인 [찌] 졋 헙 또이

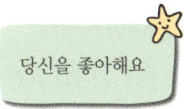
당신을 좋아해요

💬 제 여자친구 합시다!
Em làm bạn gái của tôi nhé!
앰 람 반 가이 꾸어 또이 녜

💬 사랑하고 있어요.
Tôi phải lòng em rồi.
또이 파이 롱 앰 조이

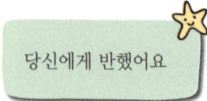
당신에게 반했어요

💬 당신을 미칠 정도로 좋아해요.
Tôi thích em tới mức sắp phát điên rồi.
또이 틱 앰 떠이 믁 쌉 팟 디엔 조이

Bài 3 청혼과 약혼에 대해 말할 때 Khi nói về cầu hôn và hứa hôn

💬 저와 결혼해 주세요!
Hãy kết hôn với anh [em] nhé!
하이 껫 혼 버이 아인 [앰] 녜   kết hôn 결혼하다

💬 제 아내가 되어 줄래요?
Em muốn trở thành vợ anh không?
앰 무온 쩌 타잉 버 아인 콤

💬 프엉이 청혼했어.
Phương đã cầu hôn.
프엉 다 꺼우 혼

💬 난 그의 청혼을 받아들였어.
Tôi đã chấp nhận lời cầu hôn của anh [chị] ấy.
또이 다 쩝 년 러이 꺼우 혼 꾸어 아인 [찌] 어이

💬 크리스마스에 청혼할 거야.
Tôi sẽ cầu hôn vào ngày Giáng sinh.
또이 쎄 꺼우 혼 바오 응아이 장 씽

236

💬 우리 약혼했어요. 그녀는 제 약혼녀예요.

Chúng tôi đã hứa hôn rồi. Em ấy là vợ chưa cưới của tôi.

쭝 또이 다 흐어 혼 조이   앰 어이 라 버 쯔어 끄어이 꾸어 또이

Bài 4 결혼에 대해 말할 때 Khi nói về kết hôn

💬 결혼했어요?

Anh [Chị] đã kết hôn chưa? / Anh [Chị] đã lập gia đình chưa?

아인 [찌] 다 껫 혼 쯔어   아인 [찌] 다 럽 쟈 딩 쯔어

💬 언제 결혼할 생각인가요?

Khi nào anh [chị] định kết hôn ạ?

키 나오 아인 [찌] 딩 껫 혼 아

💬 결혼한 지는 얼마나 되었나요?

Anh [Chị] kết hôn lâu chưa?

아인 [찌] 껫 혼 러우 쯔어

💬 우리는 신혼부부예요.

Chúng tôi là vợ chồng mới cưới.

쭝 또이 라 버 쫑 머이 끄어이   mới 새로운

💬 신혼여행은 어디로 가세요?

Anh [Chị] đi du lịch tuần trăng mật đâu ạ?

아인 [찌] 디 쥬 릭 뚜언 짱 멋 더우 아

💬 냐짱으로 신혼여행을 가요.
Chúng tôi đi du lịch tuần trăng mật ở Nha Trang.
쭝 또이 디 쥬 릭 뚜언 짱 멋 어 냐 짱

💬 결혼해서 아이가 둘이에요.
Tôi kết hôn rồi và có 2 con.
또이 껫 혼 조이 바 꼬 하이 꼰

> **Bài 5** 별거와 이혼에 대해 말할 때 Khi nói về ly thân và ly hôn

💬 별거 중이에요.
Chúng tôi đang sống ly thân.
쭝 또이 당 쏭 리 턴

💬 이혼했어요.
Tôi đã ly hôn rồi.
또이 다 리 혼 조이   ly hôn 이혼

💬 우리 결혼 생활은 지루해요.
Cuộc sống hôn nhân của chúng tôi chán lắm.
꾸옥 쏭 혼 년 꾸어 쭝 또이 짠 람

💬 조만간 이혼할 계획이에요.
Tôi định li hôn.
또이 딩 리 혼

💬 작년에 재혼했어요.
Tôi tái hôn năm ngoái.
또이 따이 혼 남 응와이

💬 남편과 헤어졌어요.
Tôi chia tay với chồng rồi.
또이 찌아 따이 버이 쫑 조이

 # 여가 · 취미 · 오락에 대해서
Về thời gian rảnh, sở thích và giải trí

어떤 것을 좋아하는지 알고 싶을 때는 Sở thích của anh [chị] là gì?(취미가 무엇입니까?) Khi rảnh, anh [chị] làm gì?(한가할 때는 무엇을 합니까?) 등으로 묻습니다. 무언가를 수집하고 있을 때는 Anh [Chị] sưu tập gì?(무엇을 수집합니까?)라는 물음에 Tôi sưu tập tiền đồng.(동전을 모으고 있습니다.)라고 대답할 수 있습니다.

> **Bài 1** 취미에 대해 물을 때 Khi hỏi về sở thích

💬 취미가 뭐니?
Sở thích của bạn là gì?
써 틱 꾸어 반 라 지   sở thích 기호, 취미

💬 여가 시간에는 뭘 하니?
Khi rảnh, bạn làm gì?
키 자잉, 반 람 지

💬 기분 전환을 위해 뭘 하니?
Để thay đổi tâm trạng, bạn làm gì?
데 타이 도이 떰 짱, 반 람 지

💬 네가 제일 좋아하는 여가생활이 뭐니?

Trong cuộc sống của bạn nếu có thời gian rảnh bạn thích làm gì?

쫑 꾸옥 쏭 꾸어 반 네우 꼬 터이 쟌 자잉 반 틱 람 지

💬 주말에는 보통 뭐하니?

Vào cuối tuần bạn thường làm gì?

바오 꾸오이 뚜언 반 트엉 람 지   cuối tuần 주말

💬 일 끝나고 뭐하니?

Sau khi làm xong bạn thường làm gì?

싸우 키 람 쏭 반 트엉 람 지

> **Bài 2**   취미에 대해 대답할 때 Khi trả lời về sở thích

💬 취미가 많아요.

Tôi có nhiều sở thích.

또이 꼬 니에우 써 틱

💬 특별한 취미가 없어요.

Tôi không có sở thích đặc biệt.

또이 콤 꼬 써 틱 닥 비엣

💬 그런 일에는 관심이 없어요.

Tôi không quan tâm đến việc như vậy.

또이 콤 꾸안 떰 비엑 느 버이   quan tâm 관심을 갖다

💬 저는 나가는 걸 좋아하지 않아요.
Tôi không thích đi ra ngoài.
또이 콤 틱 디 자 응와이

💬 제 취미는 음악감상이에요.
Sở thích của tôi là nghe nhạc.
써 틱 꾸어 또이 라 응에 냑

💬 전 베트남 영화 애호가예요.
Tôi là người yêu phim Việt Nam.
또이 라 응어이 이예우 핌 비엣 남

💬 전 아무 것에도 흥미가 없어요.
Tôi không có hứng thú với việc gì cả.
또이 콤 꼬 흥 투 버이 비엑 지 까

> Bài 3   오락에 대해 말할 때   Khi nói về hoạt động giải trí

💬 이 호텔에는 카지노가 있나요?
Khách sạn này có sòng bạc không?
카익 싼 나이 꼬 쏭 박 콤   sòng bạc 카지노

💬 갬블을 하고 싶네요.
Tôi muốn đánh bạc.
또이 무온 다잉 박

💬 쉬운 게임이 있나요?
Ở đây có game dễ không?
어 데이 꼬 게임 제 콤

💬 좋은 카지노를 소개해 주세요!
Anh [Chị] giới thiệu sòng bạc tốt cho tôi nhé!
아인 [찌] 저이 티에우 쏭 박 똣 쪼 또이 녜

💬 이 카지노는 아무나 들어갈 수 있나요?
Ai cũng vào sòng bạc này được à?
아이 꿍 바오 쏭 박 나이 드억 아

💬 카지노는 몇 시부터 시작하나요?
Từ mấy giờ sòng bạc bắt đầu ạ?
뜨 머이 져 쏭 박 밧 더우 아   bắt đầu 시작하다

💬 칩은 어디에서 바꾸나요?
Tôi đổi chip ở đâu ạ?
또이 도이 칩 어 디우 아

💬 칩 200달러 부탁해요!
Cho tôi 200(hai trăm) đô la chip nhé!
쪼 또이 하이짬 도 라 칩 녜

💬 칩을 현금으로 바꿔 주세요.
Đổi chip sang tiền mặt giúp tôi.
도이 칩 쌍 띠엔 맛 줍 또이   tiền mặt 현금

💬 현금으로 주세요.
Cho tôi tiền mặt.
쪼 또이 띠엔 맛

💬 이겼다!
Thắng rồi!
탕 조이

> Bài 4   유흥을 즐길 때 Khi hứng thú giải trí

💬 근처에 클럽이 있나요?
Gần đây có club không?
건 데이 꼬 클럽 콤

💬 어떤 쇼예요?
Có chương trình gì thế ạ?
꼬 쯔엉 찡 지 테 아

💬 음악 쇼를 보고 싶어요.
Tôi muốn xem chương trình ca nhạc.
또이 무온 쌤 쯔엉 찡 까 냑

💬 클럽에 가지 않을래요?
Chúng ta đi club không?
쭝 따 디 클럽 콤

💬 클럽 입장료가 얼마예요?
Phí vào cửa là bao nhiêu?
피 바오 끄어 라 바오 니에우   bao nhiêu 얼마나, 얼마에

💬 이 클럽 유명한가요?
Club này có nổi tiếng không?
클럽 나이 꼬 노이 띠엥 콤

💬 저랑 춤추실래요?
Chúng ta sẽ nhảy chứ?
쭝 따 쎄 냐이 쯔   nhảy 춤추다

💬 오늘 밤 펍에 가서 한잔 해요!
Tối nay đi pub, uống một ly nhé!
또이 나이 디 펍, 우옹 못 리 녜

Bài 5   여행에 대해 말할 때 Khi nói về du lịch

💬 전 여행을 좋아해요.
Tôi thích du lịch.
또이 틱 쥬 릭   du lịch 여행하다

💬 제 취미는 여행이에요.
Sở thích của tôi là du lịch.
써 틱 꾸어 또이 라 쥬 릭

💬 전 여행하지 않고는 살 수 없어요.
Tôi không thể sống được nếu thiếu những chuyến du lịch.
또이 콤 테 쏭 드억 네우 티에우 능 쭈옌 쥬 릭

💬 언젠가 세계 일주를 하고 싶어요.
Một ngày nào đó tôi muốn du lịch vòng quanh thế giới.
못 응아이 나오 도 또이 무온 쥬 릭 봉 꾸아잉 테 져이

Phần 06

Vietnamese Conversation for Beginners

여행과 출장에 관한 표현
Biểu hiện về du lịch và đi công tác
비에우 히엔 베 주 릭 바 디 꽁 딱

01. 출국 비행기 안에서
02. 공항에 도착해서
03. 호텔을 이용할 때
04. 식당을 이용할 때
05. 관광을 할 때

베트남으로의 여행은 그 자체만으로 가슴을 설레게 합니다. 막연하게 아무런 준비 없이 여행이나 출장을 떠나는 것보다는 기본적인 베트남어 회화를 익혀두어야 함은 물론이고, 또한 여행 계획을 잘 짜두어야 훨씬 안전하고 즐거운 여행을 할 수 있습니다. 여기서는 여행 시 필요한 숙박, 쇼핑, 관광 등에 관한 다양한 표현을 익혀 보도록 하였습니다.

Chương 01 출국 비행기 안에서 Trên máy bay đi công tác

한국에서 출발하는 항공회사(airline / carrier)의 편(flight)에는 대개 한국인 승무원이 탑승하고 있어서 말이 통하지 않아도 큰 불편은 없습니다. 비행기를 처음 타거나 배정된 좌석을 찾기 힘들 땐 항상 스튜어디스에게 도움을 청하면 됩니다. 만약 외국비행기에 탑승했을 경우 의사소통이 어렵더라도 좌석권을 스튜어디스에게 보여 주기만 하면 직원들이 알아듣고 서비스를 제공해줍니다.

Bài 1 좌석을 찾을 때 Khi tìm chỗ ngồi

💬 좌석 안내 좀 도와 주실 수 있으세요?
Xin anh [chị] chỉ chỗ ngồi giúp tôi được không?
씬 아인 [찌] 찌 쪼 응오이 줍 또이 드억 콤

💬 제 자리는 어디인가요?
Chỗ ngồi của tôi ở đâu ạ?
쪼 응오이 꾸어 또이 어 더우 아   chỗ ngồi 좌석, 자리

💬 탑승권을 보여 주시겠어요?
Xin anh [chị] cho xem vé máy bay được không ạ?
씬 아인 [찌] 쪼 쌤 배 마이 바이 드억 콤 아

💬 미안하지만, 지나갈게요.
Xin lỗi, cho tôi đi qua.
씬 로이, 쪼 또이 디 꾸아

💬 여기가 제 자리인 것 같아요.
Đây hình như là chỗ của tôi.
데이 힝 느 라 쪼 꾸어 또이

💬 자리를 바꿔 주시겠어요?
Anh [Chị] thay đổi chỗ cho tôi được không ạ?
아인 [찌] 타이 도이 쪼 쪼 또이 드억 콤 아

💬 짐을 올리도록 도와주시겠어요?
Anh [Chị] để giúp tôi hành lý lên trên được không ạ?
아인 [찌] 데 즙 또이 하잉 리 렌 쩬 드억 콤 아

> **Bài 2**   기내 서비스를 받을 때 Khi nhận dịch vụ trong máy bay

💬 음료는 뭐 드시겠어요?
Anh [Chị] uống gì ạ?
아인 [찌] 우옹 지 아

💬 어떤 음료가 있나요?
Anh [Chị] có đồ uống gì ạ?
아인 [찌] 꼬 도 우옹 지 아

💬 사과 주스를 원해요.
Tôi muốn nước ép táo.
또이 무온 느억 엡 따오

💬 커피 좀 더 갖다 주시겠어요?
Cho tôi thêm cà phê được không ạ?
쪼 또이 템 까 페 드억 콤 아   cà phê 커피

💬 담요를 좀 갖다 주세요!
Xin anh [chị] cho tôi một chăn mềm nhé!
씬 아인 [찌] 쪼 또이 못 짠 멤 녜   chăn 담요

💬 커피는 괜찮아요.
Cà phê thì thôi ạ.
까 페 티 도이 아

Bài 3 기내 식사를 할 때 Khi ăn bữa trong máy bay

💬 식사는 언제 나오나요?
Khi nào có bữa ăn ạ?
키 나오 꼬 브어 안 아   bữa ăn 식사

💬 식사는 소고기와 치킨 중 무엇으로 하시겠어요?
Anh [Chị] chọn bò hầm hay gà trong bữa ăn ạ?
아인 [찌] 쫀 보 험 하이 가 쫑 브어 안 아

💬 치킨으로 할게요!
Tôi ăn thịt gà nhé!
또이 안 팃 가 녜   gà 닭

💬 식사는 다 하셨어요?
Anh [Chị] ăn xong chưa ạ?
아인 [찌] 안 쏭 쯔어 아

> **Bài 4** 입국카드를 작성할 때 Khi viết thẻ nhập cảnh

💬 이것이 입국카드인가요?

Đây là thẻ nhập cảnh ạ?

데이 라 테 녑 까잉 아 nhập cảnh 입국하다

💬 입국카드 한 장만 더 갖다 주시겠어요?

Cho tôi thêm một tờ thẻ nhập cảnh được không ạ?

쪼 또이 템 못 떠 테 녑 까잉 드억 콤 아

💬 입국카드 작성법을 가르쳐 주시겠어요?

Xin anh [chị] hướng dẫn cách viết thẻ nhập cảnh cho tôi được không?

씬 아인 [찌] 흐엉 전 까익 비엣 테 녑 까잉 쪼 또이 드억 콤

> **Bài 5** 기내 면세품을 구입할 때 Khi mua hàng miễn thuế trong máy bay

💬 기내에서 면세품을 판매하나요?

Bên anh [chị] bán hàng miễn thuế trên máy bay không?

벤 아인 [찌] 반 항 미엔 투에 쩬 마이 바이 콤

💬 면세품 카탈로그를 볼 수 있을까요?

Tôi xem catalog hàng miễn thuế được không?

또이 쌤 까딸록 항 미엔 투에 드억 콤

💬 이것이 있나요?

Bên anh [chị] có cái này không?

벤 아인 [찌] 꼬 까이 나이 콤

💬 한국 돈은 받나요?

Bên anh [chị] nhận tiền Hàn Quốc không?

벤 아인 [찌] 년 띠엔 한 꿕 콤

> **Bài 6** 몸이 불편할 때 Khi cơ thể khó chịu

💬 멀미가 나요. 멀미약 있나요?

Tôi say máy bay. Anh [Chị] có thuốc chống say không?

또이 싸이 마이 바이   아인 [찌] 꼬 투옥 쫑 싸이 콤

💬 토하고 싶어요.

Tôi buồn nôn.

또이 부온 논

💬 비닐봉지 좀 갖다 주시겠어요?

Xin anh [chị] đưa túi cho tôi được không?

씬 아인 [찌] 드어 뚜이 쪼 또이 트윽 콤

> **Bài 7** 통과·환승할 때 Khi thông quan, quá cảnh

💬 파리를 경유합니다.

Chúng tôi sẽ qua Pari.

쭝 또이 쎄 꾸아 빠리

💬 이 비행기는 홍콩 경유 하노이행입니다.

Đây là chuyến bay đến Hà Nội đang bay qua Hồng Kong.

데이 라 쭈옌 바이 덴 하 노이 당 바이 꾸아 홍 꽁

💬 이 공항에서 얼마나 머무나요?
Chúng ta ở sân bay này bao lâu?
쭝 따 어 썬 바이 나이 바오 러우

sân bay 공항

💬 어느 게이트로 가야 하나요?
Tôi phải đi cổng nào ạ?
또이 파이 디 꽁 나오 아

💬 환승 카운터는 어디인가요?
Quầy quá cảnh ở đâu?
꾸어이 꾸아 까잉 어 더우

💬 환승까지 시간은 어느 정도 있나요?
Thời gian quá cảnh còn bao lâu?
터이 쟌 꾸아 까잉 꼰 바오 러우

💬 이 비행기는 직항이 아닙니다, 환승해야 합니다.
Đây không phải là chuyến bay thẳng, anh [chị] phải quá cảnh ạ.
데이 콤 파이 라 쭈옌 바이 탕, 아인 [찌] 파이 꾸아 까잉 아

253

Chương 02 공항에 도착해서 Khi đến sân bay

목적지 공항에 도착하면 먼저 ARRIVAL(Đến) 표시를 따라 Xuất / Nhập Cảnh을 향해서 가면 입국심사 카운터에 도착합니다. 기내에서 작성한 입국카드와 여권을 심사관에게 보입니다. 입국심사가 끝나면 lấy hành lý의 표시를 따라서 갑니다. 짐을 찾으면 Hải quan의 표시를 따라 세관으로 가서 여권과 세관신고서를 담당에게 보여 주고 통과를 기다리면 됩니다.

Bài 1 입국수속을 밟을 때 Khi tiến hành thủ tục nhập cảnh

💬 여권을 보여 주시겠습니까?

Mời anh [chị] cho xem hộ chiếu?

머이 아인 [찌] 쪼 쌤 호 찌에우

hộ chiếu 여권

💬 입국 목적은 무엇인가요?

Mục đích nhập cảnh là gì ạ?

묵 딕 녑 까잉 라 지 아

mục đích 목적

💬 얼마나 체류하십니까?

Anh [Chị] ở đây trong bao lâu?

아인 [찌] 어 데이 쫑 바오 러우

💬 어디에서 머무십니까?

Anh [Chị] ở đâu ạ?

아인 [찌] 어 더우 아

💬 관광으로 왔습니다.
Tôi đến đây để du lịch.
또이 뎬 데이 데 쥬 릭

💬 어학연수 왔습니다.
Tôi đến đây để học tiếng.
또이 뎬 데이 데 혹 띠엥   học 공부하다, 배우다

💬 3개월 머물 예정입니다.
Tôi định ở trong 3 tháng.
또이 딩 어 쫑 바 탕

💬 돌아갈 항공권은 있나요?
Anh [Chị] có vé khứ hồi không?
아인 [씨] 꼬 베 그 호이 콤   vé 표

💬 첫 방문이십니까?
Đây là lần đầu tiên đến phải không?
데이 라 런 더우 띠엔 뎬 파이 콤

💬 단체 여행인가요?
Anh [Chị] đi du lịch theo đoàn phải không?
아인 [찌] 디 쥬 릭 테오 도안 파이 콤

> **Bài 2** 짐을 찾을 때 Khi tìm hành lý

💬 짐은 어디에서 찾나요?
Tôi nhận hành lý ở đâu ạ?
또이 년 하잉 리 어 더우 아   hành lý 수하물

💬 수화물 컨베이어가 어디에 있나요?
Băng chuyền hành lý ở đâu?
방 쭈옌 하잉 리 어 더우

💬 여기가 715편 짐 찾는 곳인가요?
Đây là chỗ nhận hành lý chuyến 715(bẩy trăm mười lăm) phải không ạ?
데이 라 쪼 년 하잉 리 쭈옌 버이 짬 므어이 람 파이 콤 아

💬 715편 짐은 나왔나요?
Hành lý của chuyến 715 đến [có] chưa?
하잉 리 꾸어 쭈옌 버이 짬 므어이 람 덴 [꼬] 쯔어

💬 제 짐이 보이지 않습니다.
Tôi chưa nhìn thấy hành lý của mình.
또이 쯔어 닌 터이 하잉 리 꾸어 밍   nhìn 보다, 보이다

💬 제 짐이 아직 나오지 않았습니다.
Hành lý của tôi chưa ra [đến].
하잉 리 꾸어 또이 쯔어 자 [덴]

💬 제 짐이 파손되었습니다.
Hành lý của tôi bị hỏng rồi.
하잉 리 꾸어 또이 비 홍 조이

💬 이게 제 수화물인환증입니다.
Đây là vé hành lý của tôi.
데이 라 배 하잉 리 꾸어 또이

💬 제 짐이 어디 있는지 알 수 있을까요?
Tôi có thể biết hành lý của tôi ở đâu được không ạ?
또이 꼬 테 비엣 하잉 리 꾸어 또이 어 더우 드억 콤 아

> **Bài 3** 세관을 통과할 때 Khi thông qua hải quan / thuế quan

💬 여권과 세관 신고서를 보여 주세요.
Mời anh [chị] cho xem hộ chiếu và tờ khai thuế quan ạ.
머이 아인 [찌] 쪼 쌤 호 찌에우 바 떠 카이 투에 꾸안 아

💬 세관 신고서를 작성해 주세요.
Mời anh [chị] viết tờ khai thuế quan ạ.
머이 아인 [찌] 비엣 떠 카이 투에 꾸안 아

💬 신고할 것은 있나요?
Anh [Chị] có gì khai báo không ạ?
아인 [찌] 꼬 지 카이 바오 콤 아

💬 신고할 게 아무것도 없습니다.
Tôi không có gì khai báo ạ.
또이 콤 꼬 지 카이 바오 아

💬 개인용품뿐입니다.
Đây là đồ dùng cá nhân của tôi ạ.
데이 라 도 중 까 년 꾸어 또이 아

💬 이 가방을 열어 주실 수 있으세요?
Mời anh [chị] mở ba lô này được không ạ?
머이 아인 [찌] 머 바 로 나이 드억 콤 아   ba lô 가방, 배낭

💬 액체류는 반입 금지 품목입니다.
Đồ chất lỏng là danh mục hàng cấm.
도 쩟 롱 라 자잉 묵 항 껌

> Bài 4   공항의 관광안내소에서 Ở quầy hướng dẫn du lịch

💬 관광안내소가 어디에 있는지 말해 주시겠어요?
Xin anh [chị] cho biết quầy hướng dẫn du lịch ở đâu ạ?
씬 아인 [찌] 쪼 비엣 꾸어이 흐엉 전 쥬 릭 어 더우 아

💬 시가지도와 관광 팸플릿을 주시겠어요?
Xin anh [chị] cho tôi bản đồ và sổ tay hướng dẫn được không?
씬 아인 [찌] 쪼 또이 반 도 바 쏘 따이 흐엉 전 드억 콤

💬 공항 출구는 어디인가요?
Lối ra sân bay ở đâu ạ?
로이 자 선 바이 어 더우 아   lối ra 출구

💬 여기에서 호텔을 예약할 수 있나요?
Tôi có thể đặt khách sạn ở đây được không ạ?
또이 꼬 테 닷 카익 산 어 데이 드억 콤 아

💬 호텔 리스트가 있나요?
Anh [Chị] có danh mục khách sạn không ạ?
아인 [찌] 꼬 자잉 묵 카익 싼 콤 아

💬 여기에서 렌터카를 예약할 수 있나요?
Tôi có thể đặt ô tô thuê được không ạ?
또이 꼬 테 닷 오 또 투에 드억 콤 아

💬 콜택시 좀 불러 줄 수 있나요?
Anh [Chị] gọi taxi giúp tôi được không ạ?
아인 찌 고이 딱지 줍 또이 드억 콤 아

> **Bài 5** 포터(짐꾼)를 이용할 때 Khi dùng bốc vác hàng

💬 짐꾼을 좀 불러 주시겠어요?
Nhờ anh [chị] gọi nhân viên bốc xếp giúp tôi được không ạ?
녀 아인 [찌] 고이 년 비엔 복 쎕 쭙 또이 드억 콤 아

💬 이 짐 옮기도록 도와 주시겠어요?
Nhờ anh [chị] giúp tôi chuyển hành lý này được không ạ?
녀 아인 [찌] 쭙 또이 쭈옌 하잉 리 나이 드억 콤 아

💬 이 짐을 버스정류장까지 옮겨 주세요.
Nhờ anh [chị] chuyển(đưa) hành lý này đến bến xe buýt ạ.
녀 아인 [찌] 쭈옌(드어) 하잉 리 나이 덴 벤 쎄 부잇 아

Chương 03 호텔을 이용할 때 Khi dùng khách sạn

숙소는 한국에서 출발하기 전에 미리 예약을 해 두는 것이 좋습니다. 예약할 때는 요금, 입지, 치 안 등을 고려해서 정하도록 합시다. 호텔의 체크 인 시각은 보통 오후 2시부터입니다. 호텔 도착 시간이 오후 6시를 넘을 때는 예약이 취소되는 경우도 있으므로 늦을 경우에는 호텔에 도착 시 간을 전화로 알려두는 것이 좋습니다. 방의 형태, 비품, 요금, 체재 예 정 등을 체크인할 때 확인하도록 합시다.

Bài 1 호텔을 예약할 때 Khi đặt khách sạn

💬 방 하나 예약할 수 있나요?
Tôi có thể đặt một phòng được không ạ?
또이 꼬 테 닷 못 퐁 드억 콤 아

💬 예약하고 싶습니다.
Tôi muốn đặt.
또이 무온 닷

💬 오늘 밤 빈방 있나요?
Tối nay có phòng trống không ạ?
또이 나이 꼬 퐁 쫑 콤 아

phòng 방

💬 어떤 방을 원하시나요?
Anh [Chị] muốn phòng loại nào ạ?
아인 [찌] 무온 퐁 로아이 나오 아

💬 싱글룸이 있나요?
Anh [Chị] có phòng đơn không?
아인 [찌] 꼬 퐁 던 콤

💬 화장실 딸린 싱글룸으로 원해요.
Tôi muốn phòng đơn có nhà vệ sinh ạ.
또이 무온 퐁 던 꼬 냐 베 씽 아   nhà vệ sinh 화장실

💬 침대 두 개 있는 룸을 원해요.
Tôi muốn phòng có 2 giường ạ.
또이 무온 퐁 꼬 하이 즈엉 아

💬 죄송하지만, 빈방이 없습니다.
Xin lỗi, nhưng chúng tôi không còn phòng trống ạ.
씬 로이, 능 쭝 또이 콤 꼰 퐁 쫑 아

💬 죄송하지만, 방이 다 찼어요.
Xin lỗi, nhưng kín phòng rồi ạ.
씬 로이, 능 낀 퐁 조이 아

💬 1박에 얼마인가요?
Một đêm là bao nhiêu tiền ạ?
못 뎀 라 바오 니에우 띠엔 아

💬 몇 박 하실 건가요?
Anh [Chị] ngủ mấy đêm ạ?
아인 [찌] 응우 머이 뎀 아

💬 이 방 숙박비는 얼마인가요?
Giá phòng này là bao nhiêu tiền ạ?
자 퐁 나이 라 바오 니에우 띠엔 아

💬 더 싼 방은 없나요?
Có phòng rẻ hơn không ạ?
꼬 퐁 제 헌 콤 아   hơn 싼

💬 요금에 조식이 포함되어 있나요?
Giá này bao gồm ăn sáng chưa?
쟈 나이 바오 곰 안 쌍 쯔어

💬 체크인과 체크아웃 시간이 어떻게 되나요?
Giờ check-in và check-out như thế nào ạ?
져 쩨끄인 바 쩨끄아웃 느 테 나오 아

💬 고속 인터넷이 되나요?
Tốc độ internet có cao không?
똑 도 인터넷 꼬 까오 콤

💬 호텔 와이파이가 무료인가요?
Khách sạn có miễn phí wifi không?
카익 산 꼬 미엔 피 와이파이 콤   khách sạn 호텔

💬 호텔 프론트에서 영어를 하나요?
Lễ tân của khách sạn có nói tiếng Anh không ạ?
레 떤 꾸어 카익 산 꼬 노이 띠엥 아인 콤 아

💬 예약을 취소하고 싶습니다.
Tôi muốn hủy đặt phòng ạ.
또이 무온 후이 닷 퐁 아

> **Bài 2** 체크인할 때 Khi check-in

💬 체크인을 하고 싶습니다.
Tôi muốn check-in.
또이 무온 쩨끄인

💬 지금 체크인할 수 있나요?
Bây giờ tôi có thể check-in được không ạ?
버이 져 또이 꼬 테 쩨끄인 드억 콤 아

💬 예약은 하셨나요?
Anh [Chị] đặt phòng không ạ?
아인 [찌] 닷 퐁 콤 아

💬 싱글룸 하나 예약했어요.
Tôi đặt một phòng đơn ạ.
또이 닷 못 퐁 던 아

💬 예약 확인서는 여기 있어요.
Giấy xác nhận đặt phòng đây ạ.
저이 싹 년 닷 퐁 데이 아

💬 성함을 말해 주시겠어요?
Xin anh [chị] cho biết tên ạ?
씬 아인 [찌] 쪼 비엣 뗀 아

💬 숙박카드에 개인정보를 기입해 주세요.
Mời anh [chị] điền thông tin cá nhân vào đây ạ.
머이 아인 [찌] 디엔 통 띤 까 년 바오 데이 아

💬 이게 방 열쇠예요.
Đây là chìa khóa phòng ạ.
데이 라 찌어 코아 퐁 아

chìa khóa 열쇠

💬 귀중품을 보관해 주시겠어요?
Anh [Chị] có thể bảo quản tài sản quý được không ạ?
아인 [찌] 꼬 테 바오 꾸안 따이 산 꾸이 드억 콤 아

Bài 3 방을 확인할 때 Khi kiểm tra phòng

💬 방을 보여 주세요!
Xin phép anh [chị] cho tôi xem phòng nhé!
씬 펩 아인 [찌] 쪼 또이 쌤 퐁 녜

💬 전망이 좋은 방은 없나요?
Có phòng nào view tốt hơn không?
꼬 퐁 나오 뷰 똣 헌 콤

💬 좀 더 큰 방으로 바꿔 주시겠어요?
Anh [Chị] có thể đổi phòng lớn hơn được không?
아인 [찌] 꼬 테 도이 퐁 런 헌 드억 콤

💬 방을 바꾸고 싶습니다.
Tôi muốn chuyển phòng ạ.
또이 무온 쭈옌 퐁 아

💬 테라스가 있는 방으로 바꿔 주실 수 있으세요?
Anh [Chị] chuyển phòng có ban công được không?
아인 [찌] 쭈옌 퐁 꼬 반 꽁 드억 콤

💬 조용한 방을 원해요.
Tôi muốn phòng yên tĩnh.
또이 무온 퐁 옌 띵

    yên tĩnh 조용한

💬 벨보이가 방으로 안내하겠습니다.
Bellboy hướng dẫn phòng cho anh [chị] ạ.
벨보이 흐엉 전 퐁 쪼 아인 [씨] 아

💬 여기가 손님방입니다.
Đây là phòng của anh [chị] ạ.
데이 라 퐁 꾸어 아인 [찌] 아

💬 이 방으로 할게요.
Tôi chọn phòng này.
또이 쫀 퐁 나이

💬 짐을 방까지 옮겨 주실래요?
Xin anh [chị] đưa hành lý đến phòng cho tôi được không?
씬 아인 [찌] 드어 하잉 리 덴 퐁 쪼 또이 드억 콤

Phần 06 여행과 출장에 관한 표현

Bài 4 체크인 트러블 Vấn đề checkin

💬 8시 조금 넘어서 도착할 것 같네요.
Tôi đến sau 8 giờ một chút.
또이 덴 싸우 땀 저 못 쭛

💬 예약을 취소하지 마세요!
Đừng hủy đặt phòng nhé!
등 후이 닷 퐁 녜

💬 제 이름으로 예약이 안 되어 있다는 말씀이세요?
Ý anh [chị] là bây giờ không có tên tôi trong danh sách đặt phòng?
이 아인 [찌] 라 버이 져 콤 꼬 뗀 또이 쫑 쟈잉 싸익 닷 퐁

💬 다시 한 번 제 예약을 확인해 주시겠어요?
Xin anh [chị] kiểm tra lại hộ tôi được không?
씬 아인 [찌] 끼엠 짜 라이 호 또이 드억 콤

Bài 5 룸서비스 Dịch vụ phòng (room service)

💬 여기는 505호실입니다.
Đây là phòng 505(năm trăm linh năm) ạ.
데이 라 퐁 남짬링남 아

💬 룸서비스입니다. 무엇을 도와 드릴까요?
Đây là dịch vụ phòng. Tôi có thể giúp gì ạ?
데이 라 직 부 퐁   또이 꼬 테 줍 지 아   dịch vụ 서비스

💬 룸으로 음식을 가져다 줄 수 있나요?
Anh [Chị] mang món ăn đến phòng được không?
아인 [찌] 망 몬 안 덴 퐁 드억 콤

💬 모닝콜 서비스를 부탁합니다.
Xin anh [chị] gọi tôi dậy vào buổi sáng.
씬 아인 [찌] 고이 또이 져이 바오 부오이 쌍

💬 5시에 모닝콜 좀 해 주세요!
Xin anh [chị] gọi tôi dậy vào lúc 5 giờ nhé!
씬 아인 [찌] 고이 또이 저이 바오 룩 남 져 녜

💬 담요 한 개 더 갖다 주실 수 있으세요? 추워요.
Anh [Chị] mang thêm cho tôi một chăn nữa được không? Lạnh quá.
아인 [찌] 망 템 쪼 또이 못 짠 느어 드억 콤 라잉 꾸아

💬 세탁 서비스가 있나요?
Ở đây có dịch vụ giặt quần áo không?
어 데이 꼬 직 부 잣 꾸언 아오 콤   giặt 씻다, 세탁하다

💬 룸청소를 지금 좀 부탁해도 될까요?
Bây giờ anh [chị] dọn phòng luôn giúp tôi được không?
버이 져 아인 [찌] 존 퐁 루온 줍 또이 드억 콤

Bài 6 외출과 호텔 시설을 이용할 때 Khi đi vắng(đi ra ngoài) và sử dụng thiết bị khách sạn

💬 저한테 온 메시지가 있나요?
Tôi có tin nhắn nào không?
또이 꼬 띤 냔 나오 콤

💬 담배 자판기가 있나요?
Anh [Chị] có máy bán thuốc lá tự động không?
아인 [찌] 꼬 마이 반 투옥 라 뜨 동 콤

💬 식당은 어디에 있나요?
Nhà hàng ở đâu ạ?
냐 항 어 더우 아   nhà hàng 상점, 식당

💬 아침식사는 몇 시부터 할 수 있나요?
Tôi có thể ăn sáng từ lúc mấy giờ?
또이 꼬 테 안 쌍 뜨 룩 머이 져

💬 이 호텔에 테니스코트가 있나요?
Khách sạn này có sân quần vợt không?
카익 싼 나이 꼬 썬 꾸언 벗 콤

💬 카페는 어디에 있나요?
Quán cà phê ở đâu ạ?
꾸안 까 페 어 더우 아

💬 바는 몇 시까지 여나요?
Quán bar mở cửa đến mấy giờ ạ?
꾸안 바 머 끄어 덴 머이 져 아

💬 바는 24시간 엽니다.

Quán bar mở cả đêm. / Quán bar mở cả ngày lẫn đêm.

꾸안 바 머 까 뎀   꾸안 바 머 까 응아이 런 뎀

💬 이메일을 보내고 싶은데요. 컴퓨터를 사용할 수 있는 곳이 있나요?

Tôi muốn gửi email. Có nơi nào có máy tính không ạ?

또이 무온 그이 이메일   꼬 너이 나오 꼬 마이 띵 콤 아

💬 방 열쇠를 보관해 주실 수 있으세요?

Anh [Chị] giữ chìa khóa phòng được không?

아인 [찌] 즈 찌어 코아 퐁 드억 콤

💬 계산은 방으로 해 주세요!

Tính cùng tiền phòng nhé!

띵 꿍 띠엔 퐁 녜   tính 계산하다, 셈하다

💬 어떤 투어 프로그램이 있나요?

Bên anh [chị] có những chương trình du lịch nào không?

벤 아인 [찌] 꼬 능 쯔엉 찡 쥬 릭 나오 콤

💬 하루 투어 프로그램이 있나요?

Bên anh [chị] có chương trình du lịch một ngày không ạ?

벤 아인 [찌] 꼬 쯔엉 찡 쥬 릭 못 응아이 콤 아

Chương 03 호텔에서 이용할 때

269

💬 1인당 요금은 얼마인가요?
Chi phí mỗi người bao nhiêu ạ?
찌 피 모이 응어이 바오 니에우 아

chi phí 비용

> **Bài 7** 호텔 이용에 관한 트러블 Vấn đề về sử dụng khách sạn

💬 열쇠를 안에 두고 문을 잠가 버려서 들어갈 수가 없네요.
Tôi để chìa khóa trong phòng rồi đóng cửa nên không thể vào được.
또이 데 찌어 코아 쫑 퐁 조이 동 끄어 넨 콤 테 바오 드억

💬 방에 열쇠를 두고 나왔어요.
Tôi để chìa khóa trong phòng ạ.
또이 데 찌어 코아 쫑 퐁 아

💬 방 번호를 까먹었어요.
Tôi quên số phòng.
또이 꾸엔 쏘 퐁

quên 잊다

💬 옆방이 너무 시끄러워요.
Phòng bên cạnh ồn ào quá.
퐁 벤 까잉 온 아오 꾸아

💬 복도에 이상한 사람이 있어요. 사람 좀 올려 보내 주시겠어요?
Hành lang có người lạ. Cho nhân viên lên được không?
하잉 랑 꼬 응어이 라   쪼 년 비엔 렌 드억 콤

💬 제 방에 누구 좀 보내 주시겠어요?
Gọi người lên(đến) phòng của tôi được không?
고이 응어이 렌(덴) 퐁 꾸어 또이 드억 콤

💬 뜨거운 물이 안 나와요.
Không có nước nóng trong nhà tắm.
콤 꼬 느억 농 쫑 냐 땀   nước nóng 온수

💬 탁자 위의 램프가 안 켜져요.
Đèn bàn không sáng.
덴 반 콤 쌍

💬 변기가 작동이 되지 않네요.
Bệt toa lét không tác động.
벳 또아 렛 콤 딱 동

💬 방이 아직 청소되어 있지 않습니다.
Phòng chưa được dọn dẹp.
퐁 쯔어 드억 존 젭

💬 히터가 작동하지 않아요. 방이 너무 춥네요
Máy sưởi không hoạt động. Phòng rất lạnh.
마이 쓰어이 콤 호앗 동   퐁 젓 라잉   lạnh 추운

💬 지금 당장 고쳐주시겠어요?
Nhờ anh [chị] sửa chữa luôn được không?
녀 아인 [찌] 쓰어 쯔어 루온 드억 콤

💬 침대 시트가 더러워요.
Ga trải giường bẩn lắm.
가 짜이 즈엉 번 람

💬 시트 좀 바꿔 주실래요?
Nhờ anh [chị] thay ga trải giường được không?
녀 아인 [찌] 타이 가 짜이 즈엉 드억 콤

💬 미니바가 비어 있습니다.
Minibar đang vắng.
미니바 당 방

> Bài 8   체크아웃을 준비할 때 Khi chuẩn bị checkout

💬 체크아웃은 몇 시인가요?
Giờ trả phòng là mấy giờ ạ?
져 짜 퐁 라 머이 져 아

💬 몇 시에 방을 비우실 거예요?
Mấy giờ anh [chị] trả phòng ạ?
머이 져 아인 [찌] 짜 퐁 아

💬 하룻밤 더 묵고 싶군요.
Tôi muốn ngủ thêm một đêm nữa.
또이 무온 응우 템 못 뎀 느어   nữa 더

💬 하루 전에 방을 비우고 싶네요.
Tôi muốn trả phòng sớm hơn 1 ngày.
또이 무온 짜 퐁 썸 헌 못 응아이

💬 오후에 방을 비워도 되나요?
Tôi trả phòng vào buổi chiều được không?
또이 짜 퐁 바오 부오이 찌에우 드억 콤

💬 오전 10시에 택시를 불러 주세요!
Gọi taxi lúc 10 giờ sáng giúp tôi nhé!
고이 딱씨 룩 므어이 져 쌍 줍 또이 녜   gọi 부르다

Bài 9   체크아웃할 때 Khi checkout

💬 체크아웃을 하고 싶습니다.
Tôi muốn trả phòng.
또이 무온 짜 퐁

💬 열쇠 되돌려 주시겠어요?
Xin anh [chị] giao lại chìa khóa ạ?
씬 아인 [찌] 자오 라이 찌어 코아 아

💬 벨보이 좀 보내 주세요!
Gửi bellboy cho tôi nhé!
그이 벨보이 쪼 또이 녜

💬 맡긴 귀중품을 꺼내 주세요.
Cho tôi nhận lại đồ quý giá đã gửi.
쪼 또이 년 라이 도 꾸이 쟈 다 그이   đồ quý giá 귀중품

💬 방을 비우면 짐을 맡아 주실 수 있나요?
Nếu tôi trả phòng thì có thể gửi hành lý không?
네우 또이 짜 퐁 티 꼬 테 그이 하잉 리 콤

Bài 10 계산을 할 때 Khi thanh toán

💬 방에 물건을 두고 나왔어요.
Tôi để quên đồ trong phòng.
또이 데 꾸옌 도 쫑 퐁

💬 계산해 주세요!
Thanh toán cho tôi nhé!
타잉 또안 쪼 또이 녜

💬 신용카드도 되나요?
Tôi trả tiền bằng thẻ tín dụng được không ạ?
또이 짜 띠엔 방 테 띤 중 드억 콤 아

💬 여행자 수표도 받나요?
Bên anh [chị] nhận séc du lịch không?
벤 아인 [찌] 년 쎅 쥬 릭 콤

💬 현금으로 지불하시겠어요, 아니면 카드로 지불하시겠어요?
Anh [Chị] trả tiền bằng tiền mặt hay thẻ ạ?
아인 [찌] 짜 띠엔 방 띠엔 맛 하이 테 아   trả tiền 지불하다

💬 계산이 틀린 것 같은데요.
Hình như tính tiền sai rồi.
힝 느 띵 띠엔 싸이 조이

💬 이 요금은 무엇인가요?
Phí này là phí gì?
피 나이 라 피 지

💬 저는 룸서비스를 시키지 않았어요.
Tôi không gọi dịch vụ phòng.
또이 콤 고이 딕 부 퐁

💬 고맙습니다. 즐겁게 보냈습니다.
Cảm ơn. Tôi đã rất vui.
깜 언   또이 다 젓 부이

Chương 04 식당을 이용할 때 Dùng khi đi nhà hàng

일반 대중 식당이 아닌 고급스러운 레스토랑에서 식사를 할 경우 예약을 하고 가야 하며, 복장도 신경을 쓰는 게 좋습니다. 또한 현지인에게 인기가 있는 레스토랑은 가격도 적당하고 맛있는 가게가 많습니다. 예약을 한 후 레스토랑에 도착하면 입구에서 이름을 말하고 안내를 기다립니다. 의자에 앉을 때는 여성이 안쪽으로 앉도록 하고 테이블에 앉은 후에는 디저트가 나올 때까지 담배는 삼가는 것이 에티켓입니다.

Bài 1 식당을 찾을 때 Khi tìm nhà hàng

💬 뭐 먹고 싶어요?
Anh [Chị] muốn ăn gì ạ?
아인 [찌] 무온 안 지 아

💬 이 근처에 맛있게 하는 레스토랑 있나요?
Gần đây có nhà hàng ngon không ạ?
건 데이 꼬 냐 항 응온 콤 아

💬 이곳에 한국 레스토랑이 있나요?
Ở đây có nhà hàng Hàn Quốc không ạ?
어 데이 꼬 냐 항 한 꿕 콤 아

💬 가볍게 식사를 하고 싶은데요!
Tôi muốn ăn nhẹ!
또이 무온 안 녜

💬 이 시간에 문을 연 레스토랑이 있나요?
Giờ này có nhà hàng nào mở cửa không ạ?
져 나이 꼬 냐 항 나오 머 끄어 콤 아   mở 열다

💬 이 레스토랑은 어디에 있나요? (책을 보이면서)
Nhà hàng này ở đâu ạ?
냐 항 나이 어 더우 아

💬 레스토랑이 많은 곳은 어디인가요?
Khu vực nào có nhiều nhà hàng ạ?
쿠 븍 나오 꼬 니에우 냐 항 아

💬 어디 특별히 마음에 둔 레스토랑이 있나요?
Anh [Chị] có nhà hàng nào gợi ý không ạ?
아인 [찌] 꼬 냐 항 나오 거이 이 콤 아

> **Bài 2** 식당을 예약할 때 Khi đặt chỗ ở nhà hàng

💬 예약이 필요한가요?
Tôi có cần đặt chỗ không ạ?
또이 꼬 껀 닷 쪼 콤 아

💬 예약 부탁합니다!
Đặt chỗ cho tôi nhé!
닷 쪼 쪼 또이 녜

💬 여기에서 예약할 수 있나요?
Tôi đặt chỗ ở đây được không ạ?
또이 닷 쪼 어 데이 드억 콤 아

277

💬 저녁 8시에 5명 예약하고 싶은데요.
Tôi muốn đặt chỗ cho 5 người, lúc 8 giờ tối.
또이 무온 닷 쪼 쪼 남 응어이, 룩 땀 져 또이

💬 성함이 어떻게 되시죠?
Anh [Chị] tên là gì ạ?
아인 [찌] 뗀 라 지 아

💬 몇 시로 예약해 드릴까요?
Anh [Chị] muốn đặt lúc mấy giờ ạ?
아인 [찌] 무온 닷 룩 머이 져 아

💬 금연석으로 부탁합니다!
Đặt chỗ cấm hút thuốc lá nhé!
닷 쪼 껌 훗 투옥 라 녜

💬 테라스에 앉고 싶습니다.
Tôi muốn ngồi ngoài trời.
또이 무온 응오이 응와이 쩌이

ngoài trời 밖에서

> Bài 3   식당에 들어설 때 Khi vào nhà hàng

💬 누구 이름으로 예약하셨나요?
Anh [Chị] đặt bằng tên gì ạ?
아인 [찌] 닷 방 뗀 지 아

💬 몇 분이세요?
Anh [Chị] có mấy người ạ?
아인 [찌] 꼬 머이 응어이 아

mấy người 몇 사람

💬 3명을 위한 테이블 부탁합니다.
Cho tôi bàn 3 người.
쪼 또이 반 바 응어이

💬 예약은 하지 않았어요.
Tôi không đặt chỗ trước.
또이 콤 닷 쪼 쯔억

💬 지금 자리가 없습니다.
Bây giờ không có bàn ạ.
버이 져 콤 꼬 반 아

💬 얼마나 기다려야 하나요?
Tôi cần chờ bao lâu ạ?
또이 껀 쩌 바오 러우 아

Bài 4   음식을 주문 받을 때 Khi nhận đặt món ăn

💬 주문 받아도 될까요? / 준비되셨어요?
Tôi có thể đặt món ăn được không ạ? / Anh [Chị] chuẩn bị gọi món ăn không ạ?
또이 꼬 테 닷 몬 안 드억 콤 아   아인 [찌] 쭈언 비 고이 몬 안 콤 아

💬 마실 것은 무엇을 드릴까요?
Anh [Chị] uống gì ạ?
아인 [찌] 우옹 지 아

💬 전채 요리로는 수프와 샐러드가 있어요. 어느 것으로 드릴까요?

Món ăn khai vị có súp và sa lát ạ. Anh [Chị] dùng gì ạ?

몬 안 카이 비 꼬 쑵 바 싸 랏 아　　　　　　　아인 [찌] 중 지 아

💬 메인요리는 비프 스테이크와 치킨구이 중에서 어느 것을 원하세요?

Món ăn chính có bít tết sườn heo và gà nướng ạ, anh [chị] dùng gì ạ?

몬 안 찡 꼬 빗 뗏 쓰언 헤오 바 가 느엉 아, 아인 찌 중 지 아

💬 고기는 어떻게 해 드릴까요? 미디움으로 아니면 잘 익혀 드릴까요?

Thịt nấu thế nào ạ? Medium hay welldone ạ?

팃 너우 테 나오 아　　　　　미디엄 하이 웰던 아

💬 디저트는 뭐로 하시겠어요?

Anh [Chị] ăn tráng miệng gì ạ?

아인 [찌] 안 짱 미엥 지 아　　　　　　　　　　　tráng miệng 디저트

💬 더 필요하신 건 없으신가요?

Anh [Chị] cần gì nữa không ạ?

아인 [찌] 껀 지 느어 콤 아

Bài 5　음식을 주문할 때　Khi gọi món ăn

💬 메뉴판 좀 갖다 주세요.

Cho tôi menu.

쪼 또이 메뉴　　　　　　　　　　　　　　　　thực đơn 메뉴판

💬 먼저 메뉴 좀 봐도 될까요?
Tôi xem menu trước được không ạ?
또이 쌤 메뉴 쯔억 드억 콤 아

💬 잠시 후에 주문해도 될까요?
Tí nữa tôi gọi được không?
띠 느어 또이 고이 드억 콤

💬 요리를 추천해 주세요!
Xin giới thiệu một món ăn nhé!
씬 져이 티에우 몯 몬 안 녜   giới thiệu 소개하다, 권하다

💬 레스토랑의 전문 요리는 무엇인가요?
Nhà hàng này chuyên món gì?
냐 항 나이 쭈옌 몬 지

💬 오늘의 특별 요리는 뭐죠?
Hôm nay có món gì đặc biệt?
홈 나이 꼬 몬 지 닥 비엣

💬 음료는 맥주로 주세요!
Đồ uống thì bia nhé!
도 우옹 티 비아 녜

💬 전채 요리는 샐러드로 주세요!
Món ăn khai vị thì cho tôi sa lát nhé!
몬 안 카이 비 티 쪼 또이 싸 랃 녜   món ăn 요리

💬 메인 요리는 비프 스테이크로 주세요!
Món ăn chính thì bít tết sườn heo nhé!
몬 안 찡 티 빗 뗏 쓰언 헤오 녜

💬 후식으로는 바닐라 아이스크림으로 주세요!
Đồ ăn tráng miệng thì kem vani nhé!
도 안 짱 미엥 티 깸 바니 녜   kem 아이스크림

> **Bài 6** 먹는 법과 재료를 물을 때 Khi hỏi về cách ăn và nguyên liệu

💬 이걸 먹는 법 좀 가르쳐 주시겠어요?
Nhờ anh [chị] chỉ cách ăn món này được không?
녀 아인 [찌] 찌 까익 안 몬 나이 드억 콤

💬 이건 어떻게 먹으면 되나요?
Cái này tôi ăn như thế nào ạ?
까이 나이 또이 안 느 테 나오 아

💬 이 고기는 무슨 고기인가요?
Thịt này là thịt gì ạ?
팃 나이 라 팃 지 아   thịt 고기, 살

💬 이 요리는 어떤 재료가 들어가나요?
Món này có những nguyên liệu gì ạ?
몬 나이 꼬 능 응우옌 리에우 지 아   nguyên liệu 재료, 원료

> **Bài 7** 필요한 것을 부탁할 때 Khi nhờ gì mình cần

💬 빵 좀 더 갖다 주실래요?

Xin anh [chị] cho(thêm) bánh mì được không?

씬 아인 [찌] 쪼(템) 바잉 미 드억 콤

💬 물 한 잔 주세요.

Cho tôi một cốc nước.

쪼 또이 못 꼭 느억

💬 포크를 떨어뜨렸습니다. 한 개만 더 갖다 주세요!

Tôi đánh rơi dĩa. Xin anh [chị] cho tôi thêm 1 cái dĩa nhé!

또이 다잉 저이 지아   씬 아인 [찌] 쪼 또이 템 못 까이 지어 녜

💬 냅킨 좀 깆다 주시겠어요?

Nhờ anh [chị] cho tôi giấy ăn được không?

녀 아인 [찌] 쪼 또이 저이 안 드억 콤

💬 테이블 좀 치워 주시겠어요?

Nhờ anh [chị] dọn dẹp bàn ăn được không?

녀 아인 [찌] 존 젭 반 안 드억 콤

💬 테이블 좀 닦아 주시겠어요?

Nhờ anh [chị] lau bàn ăn được không?

녀 아인 [찌] 라우 반 안 드억 콤

💬 소금은 빼 주세요!
Không cho muối nhé!
콤 쪼 무오이 녜

muối 소금

> **Bài 8** 주문에 문제가 있을 때 Khi có vấn đề trong gọi món

💬 아직도 오래 기다려야하나요?
Tôi còn phải chờ lâu không ạ?
또이 꼰 파이 쩌 러우 콤 아

💬 주문한 음식이 아직 안 나왔어요.
Món ăn mà mình gọi chưa đến.
몬 안 마 밍 고이 쯔어 덴

💬 주문이 어떻게 된 거죠? 음식이 안 나왔어요.
Gọi món có vấn đề gì? Món ăn vẫn chưa có.
고이 몬 꼬 번 데 지   몬 안 번 쯔어 꼬

💬 이건 주문하지 않았는데요.
Tôi không gọi món này ạ.
또이 콤 고이 몬 나이 아

> **Bài 9** 음식에 문제가 있을 때 Khi có vấn đề đến món ăn

💬 음식에 이상한 것이 들어 있는 것 같아요.
Trong món ăn hình như có gì lạ.
쫑 몬 안 힝 느 꼬 지 라

284

💬 음식이 식었어요. 따뜻하게 해 주실래요?
Món ăn nguội rồi. Hâm nóng lại giúp tôi được không?
몬 안 응우오이 조이　　　험 농 라이 줍 또이 드억 콤

💬 이 고기가 잘 익지 않았는데요.
Thịt này chưa chín đâu.
팃 나이 쯔어 찐 더우　　　　　　　　　chín 익은, 요리된

💬 고기를 좀 더 구워 주세요!
Nhờ anh [chị] nướng lại kĩ hơn thịt này nhé!
녀 아인 [찌] 느엉 라이 끼 헌 팃 나이 녜

💬 이 우유 맛이 이상해요.
Sữa này vị hơi lạ.
쓰어 나이 비 허이 라　　　　　　　　　sữa 우유

💬 음식이 상한 것 같아요.
Hình như món này bị hỏng rồi.
힝 느 몬 나이 비 홍 조이

💬 컵이 더러워요. 다른 컵 하나 갖다 주세요.
Cốc bẩn quá. Xin anh [chị] cho tôi cái cốc khác.
꼭 번 꾸아　　씬 아인 [찌] 쪼 또이 까이 꼭 칵

💬 음식이 싱거워요. 소금 좀 더 넣어 주실래요?
Món ăn nhạt. Cho thêm muối vào được không?
몬 안 냣　　　쪼 템 무오이 바오 드억 콤

Bài 10 주문을 바꾸거나 취소할 때 Khi thay đổi gọi món hay hủy món

💬 주문을 변경해도 될까요?
Tôi có thể đổi món vừa gọi được không?
또이 꼬 테 도이 몬 브어 고이 드억 콤

💬 주문을 취소하고 싶은데요.
Tôi muốn hủy món gọi.
또이 무온 후이 몬 고이

Bài 11 음식의 맛을 평가할 때 Khi đánh giá vị món ăn

💬 오늘 음식 맛있었나요?
Món hôm nay có ngon không ạ?
몬 홈 나이 꼬 응온 콤 아   ngon 맛있는

💬 오늘 음식 맛있게 드셨나요?
Hôm nay anh [chị] ăn ngon miệng không ạ?
홈 나이 아인 [찌] 안 응온 미엥 콤 아

💬 음식을 정말 맛있게 먹었어요.
Tôi ăn rất ngon.
또이 안 졋 응온

💬 음식이 정말 좋았어요.
Món ăn thật sự ngon.
몬 안 텃 쓰 응온

💬 정말 맛있습니다.
Thật là ngon.
텃 라 응온

💬 제가 먹어 본 것 중 최고네요.
Trong các món ăn thì món này là ngon nhất.
쫑 깍 몬 안 티 몬 나이 라 응온 녓   nhất 가장, 제일의

💬 음식이 제 입맛에 딱 맞아요.
Món này thật hợp khẩu vị của tôi.
몬 나이 텃 헙 커우 비 꾸어 또이

💬 저한테는 음식이 조금 짠 것 같아요.
Đối với tôi, món ăn hơi mặn.
도이 버이 또이, 몬 안 허이 만   mặn 짠

Bài 12   디저트를 주문할 때 Khi gọi món ăn tráng miệng

💬 디저트를 주문하시겠어요?
Anh [Chị] gọi món tráng miệng không ạ?
아인 [찌] 고이 몬 짱 미엥 콤 아

💬 디저트에는 뭐가 있나요?
Có những món tráng miệng gì?
꼬 능 몬 짱 미엥 지

💬 아이스크림과 달걀 푸딩이 있습니다.
Có kem và caramen trứng ạ.
꼬 깸 바 까라멘 쯩 아   trứng 달걀

287

💬 아이스크림은 어떤 맛이 있나요?
Kem có những vị gì ạ?
깸 꼬 늉 비 지 아

💬 딸기 맛 아이스크림으로 주세요.
Cho tôi kem dâu tây.
쪼 또이 깸 저우 떠이

💬 전 라이스 푸딩을 먹을게요.
Tôi ăn caramen gạo.
또이 안 까라멘 가오

> **Bài 13** 식비를 계산할 때 Khi thanh toán phí ăn

💬 계산서를 부탁해요.
Cho tôi hóa đơn.
쪼 또이 호아 던

hóa đơn 계산서, 영수증

💬 계산서 좀 갖다 주실래요?
Đưa hóa đơn cho tôi được không?
드어 호아 던 쪼 또이 드억 콤

💬 지금 지불할까요?
Bây giờ thanh toán ạ?
버이 저 타잉 또안 아

💬 계산할게요! 얼마예요?
Tính tiền cho tôi nhé! Bao nhiêu đấy?
띵 띠엔 쪼 또이 녜   바오 니에우 더이

💬 각자 계산합시다!
Chúng ta chia nhau nhé!
쭝 따 찌아 냐우 녜

💬 봉사료와 부가세는 포함되어 있나요?
Giá bao gồm tip và vat không ạ?
쟈 바오 곰 팁 바 뱃 콤 아

💬 계산서가 잘못된 것 같아요.
Hình như là hóa đơn sai rồi.
힝 느 라 호아 던 싸이 조이

⭐ bị đánh thuế nhiều hơn
(더 부과된 것 같아요)

💬 오늘은 제가 살게요.
Hôm nay tôi mời anh [chị].
홈 나이 또이 머이 아인 [찌]

💬 제가 이미 계산했어요.
Tôi thanh toán rồi.
또이 타잉 또안 조이

rồi 이미

Bài 14 패스트푸드점에서 Ở cửa hàng ăn nhanh

💬 주문하시겠어요?
Anh [Chị] gọi chưa ạ?
아인 [찌] 고이 쯔어 아

💬 뭐 드실 거예요?
Anh [Chị] dùng gì ạ?
아인 [찌] 중 지 아

💬 2번 메뉴로 할게요.
Tôi chọn menu số 2.
또이 쫀 메뉴 쏘 하이

💬 어떤 사이즈로 하시겠어요?
Anh [Chị] dùng cỡ nào ạ?
아인 [찌] 중 꺼 나오 아

💬 작은 사이즈로 할게요.
Tôi chọn cỡ nhỏ.
또이 쫀 꺼 뇨   nhỏ 작은

💬 마실 것은요?
Anh [Chị] uống gì không ạ?
아인 [찌] 우옹 지 콤 아

💬 여기에서 드실 건가요, 테이크아웃 하실 건가요?
Anh [Chị] ăn ở đây hay mang về ạ?
아인 [찌] 안 어 데이 하이 망 베 아

💬 테이크 아웃할 겁니다.
Tôi mang về.
또이 망 베

💬 식초는 빼 주세요!
Đừng cho giấm nhé!
등 쪼 점 녜   giấm 식초

관광을 할 때 Khi du lịch

공항 관광안내소에는 무료의 시내지도, 지하철, 버스 노선도 등이 구비되어 있는 경우가 많으므로 정보수집에 편리합니다. 미술관이나 박물관은 휴관일을 확인하고 나서 스케줄을 잡으세요. 요일에 따라서 개관을 연장하거나 할인요금이나 입장료가 달라지는 곳도 있으므로 가이드북을 보고 확인합시다. 교회나 성당은 관광지이기 전에 종교상의 신성한 건물입니다. 들어갈 때 정숙하지 못한 복장이나 소란 등은 삼가야 합니다.

Bài 1 관광 안내소에서 Ở quầy hướng dẫn du lịch

💬 관광 안내소는 어니에 있나요?

Quầy hướng dẫn du lịch ở đâu ạ?
꾸어이 흐엉 전 주 릭 어 더우 아

💬 관광안내 책자를 하나 주시겠어요?

Cho tôi một quyển sách hướng dẫn du lịch được không?
쪼 또이 못 꾸옌 싸익 흐엉 전 주 릭 드억 콤

💬 시내지도 있나요?

Có bản đồ thành phố không ạ?
꼬 반 도 타잉 포 콤 아

bản đồ 지도

💬 여기에서 볼 만할 곳을 좀 추천해 주시겠어요?

Xin anh [chị] giới thiệu điểm du lịch ở đây được không ạ?

씬 아인 [찌] 저이 티에우 디엠 주 릭 어 데이 드억 콤 아

💬 당일치기로 어디에 갈 수 있나요?

Đi du lịch trong ngày thì nên đi những nơi nào?

디 주 릭 쫑 응아이 티 넨 디 능 너이 나오

💬 여기에서 입장권을 살 수 있나요?

Tôi có thể mua vé vào ở đây được không ạ?

또이 꼬 테 무어 배 바오 어 데이 드억 콤 아

💬 할인 티켓은 있나요?

Anh [Chị] có vé giảm giá không ạ?

아인 [찌] 꼬 배 잠 자 콤 아

💬 벼룩시장 같은 것은 있나요?

Ở đây có chợ trời không ạ?

어 데이 꼬 쩌 쩌이 콤 아   chợ trời 벼룩시장, 노천시장

💬 시내로 가려면 걸어서 갈 수 있나요?

Tôi đi bộ vào trung tâm được không?

또이 디 보 바오 쭝 떰 드억 콤

💬 이 근처에 있는 호텔 정보를 알고 싶은데요.

Tôi muốn biết thông tin về khách sạn gần đây ạ.

또이 무온 비엣 통 띤 베 카익 싼 건 데이 아

💬 근처 값싸고 괜찮은 호텔 하나만 추천해 주세요!
Xin anh [chị] giới thiệu giúp khách sạn gần đây rẻ và tốt ạ!
씬 아인 [찌] 저이 티에우 줍 카익 싼 건 데이 제 바 똣 아

💬 지금 이 도시에서 축제하고 있나요?
Bây giờ ở thành phố có lễ hội nào không?
버이 저 어 타잉 포 꼬 레 호이 나오 콤   lễ hội 축제

💬 버스 티켓은 어디에서 살 수 있나요?
Tôi mua vé xe buýt ở đâu ạ?
또이 무어 배 쎄 부잇 어 더우 아

💬 호치민 박물관은 어떻게 가나요?
Đường đến bảo tàng Hồ Chí Minh đi thế nào ạ?
드엉 덴 바오 땅 호 찌 밍 디 테 나오 아

💬 하노이 역은 얼마나 머나요?
Ga Hà Nội cách đây bao xa?
가 하 노이 까익 데이 바오 싸   ga 역, 정거장

Bài 2   투어를 이용할 때 Khi đi tua du lịch

💬 도시 투어는 어떤 것들을 할 수 있나요?
Tua trong thành phố thì có những gì?
뚜어 쫑 타잉 포 티 꼬 능 지

💬 관광버스 투어가 있나요?

Có tua xe buýt du lịch [tham quan] không?

꼬 뚜어 쎄 부잇 주 릭 탐 꾸안 콤

💬 시티투어버스 주요 경로는 어떻게 되나요?

Hành trình của tua du lịch trong nội thành thế nào?

하잉 찡 꾸어 뚜어 주 릭 쫑 노이 타잉 테 나오

💬 오전 투어는 있나요?

Có tua buổi sáng không?

꼬 뚜어 부오이 쌍 콤

💬 야간 투어는 있나요?

Có tua ban đêm [buổi tối] không?

꼬 뚜어 반 뎀　　　　부오이 또이 콤

💬 투어는 몇 시간 걸리나요?

Tua trong bao lâu?

뚜어 쫑 바오 러우

💬 식사가 포함되어 있나요?

Tua có bao gồm bữa ăn không ạ?

뚜어 꼬 바오 곰 브어 안 콤 아

💬 투어 일정은 어떻게 되나요?

Lịch trình tua thế nào ạ?

릭 찡 뚜어 테 나오 아

💬 몇 시에 출발하나요?
Xuất phát lúc mấy giờ ạ?
쑤엇 팟 룩 머이 져 아

💬 어디에서 출발하나요?
Xuất phát từ đâu ạ?
쑤엇 팟 뜨 더우 아

💬 몇 시에 돌아오나요?
Về lúc mấy giờ ạ?
베 룩 머이 져 아

💬 한국어 가이드는 있나요?
Có người hướng dẫn nói tiếng Hàn không ạ?
꼬 응어이 흐엉 전 노이 띠엥 한 콤 아   hướng dẫn 안내하다

💬 투어 비용은 얼마인가요?
Giá tua bao nhiêu ạ?
쟈 투어 바오 니에우 아

Bài 3 관광버스 안에서 Trên xe buýt du lịch

💬 지금 어디로 가고 있나요?
Chúng ta đang đi đâu ạ?
쭝 따 당 디 더우 아

💬 다음 목적지까지 얼마나 걸리나요?
Từ đây đến địa điểm sau mất bao lâu?
뜨 데이 덴 디아 디엠 싸우 멋 바오 러우

295

💬 저것은 뭔가요?
Cái kia là cái gì ạ?
까이 끼어 라 까이 지 아

💬 저것은 무슨 강이죠?
Sông kia tên là gì ạ?
쏭 끼어 뗀 라 지 아   sông 강

💬 차 안에 화장실이 있나요?
Trên xe buýt có nhà vệ sinh không ạ?
쩬 쎄 부잇 꼬 냐 베 씽 콤 아

💬 여기에서 얼마나 머무르나요?
Chúng ta ở đây bao lâu ạ?
쭝 따 어 데이 바오 러우 아

💬 시간은 어느 정도 있나요?
Chúng ta có thời gian bao lâu?
쭝 따 꼬 터이 쟌 바오 러우

💬 몇 시까지 버스로 돌아오면 되나요?
Tôi cần quay lại xe buýt lúc mấy giờ?
또이 껀 꾸아이 라이 쎄 부잇 룩 머이 져   xe buýt 버스

Bài 4 입장권을 구입할 때 Khi mua vé vào cửa

💬 티켓은 어디에서 살 수 있나요?
Tôi mua vé ở đâu ạ?
또이 무어 배 어 더우 아

💬 입장료는 얼마인가요?
Vé vào cửa bao nhiêu tiền ạ?
배 바오 끄어 바오 니에우 띠엔 아

💬 어른 두 장, 어린이 한 장 부탁해요.
Làm ơn cho 2 vé người lớn và một trẻ em.
람 언 쪼 하이 배 응어이 런 바 못 쩨 앰

💬 학생 두 장 주세요.
Cho 2 vé sinh viên [học sinh] ạ.
쪼 하이 배 씬 비엔 [혹 씽] 아

💬 단체할인이 되나요?
Có giảm giá vé tập thể không?
꼬 잠 자 배 떰 테 콤   tập thể 단체

💬 오늘은 입장료가 무료입니다.
Hôm nay miễn vé vào cửa.
홈 나이 미엔 배 바오 끄어

Bài 5　관광지에서 *Ở điểm du lịch*

💬 정말 아름다운 경치군요!
Phong cảnh thật là tuyệt!
퐁 까잉 텃 라 뚜옛   phong cảnh 경치

💬 전망이 정말 멋지군요!
Trông ra xa thật tuyệt vời!
쫑 자 싸 텃 뚜옛 버이

💬 저 조각상은 뭐죠?
Bức tượng kia là gì ạ?
북 뜨엉 끼어 라 지 아

💬 이게(저게) 뭐죠?
Cái này(cái kia) là gì ạ?
까이 나이(까이 끼어) 라 지 아

💬 저게 뭔지 아세요?
Anh [Chị] có biết cái kia là gì không ạ?
아인 [찌] 꼬 비엣 까이 끼어 라 지 콤 아

💬 저 건물은 무엇인가요?
Tòa nhà kia là gì thế ạ?
또아 냐 끼어 라 지 테 아   tòa nhà 건물

💬 언제 세워졌죠?
Được xây dựng từ khi nào?
드억 써이 증 뜨 키 나오

💬 화장실은 어디에 있나요?
Nhà vệ sinh ở đâu ạ?
냐 베 씽 어 더우 아

💬 퍼레이드는 언제 시작하나요?
Khi nào cuộc diễu hành bắt đầu ạ?
키 나오 꾸옥 지에우 하잉 밧 더우 아   diễu hành 행진하다

Bài 6 관람을 할 때 Khi tham quan (xem)

💬 이 티켓으로 모든 전시를 볼 수 있나요?

Tôi có thể tham quan tất cả nơi trưng bày bằng vé này phải không?

또이 꼬 테 탐 꾸안 떳 까 너이 쯩 바이 방 배 나이 파이 콤

💬 무료 팸플릿이 있나요?

Có phamplet miễn phí không ạ?

꼬 팜플렛 미엔 피 콤 아

💬 소지품 보관하는 장소가 있나요?

Có nơi gửi đồ không ạ?

꼬 너이 그이 도 콤 아

💬 안내 가이드가 있나요? (사람)

Có người hướng dẫn du lịch không ạ?

꼬 응어이 흐엉 전 주 릭 콤 아

💬 역사박물관 오늘 여나요?

Hôm nay bảo tàng lịch sử có mở cửa không ạ?

홈 나이 바오 땅 릭 쓰 꼬 머 끄어 콤 아

💬 오늘 표는 아직 있나요?

Hôm nay vẫn còn vé phải không?

홈 나이 번 꼰 배 파이 콤

💬 가장 좋은 자리로 주세요!
Cho tôi chỗ tốt nhất nhé!
쪼 또이 쪼 똣 녓 녜

💬 같이 앉을 수 있는 좌석을 주실래요?
Cho tôi chỗ ngồi cùng nhau được không?
쪼 또이 쪼 응오이 꿍 냐우 드억 콤 chỗ ngồi 좌석, 자리

💬 제 자리를 좀 찾아줄 수 있나요?
Nhờ anh [chị] tìm chỗ giúp tôi được không?
녀 아인 [찌] 띰 쪼 줍 또이 드억 콤

💬 축구경기가 몇 시에 시작하죠?
Trận đấu bóng bắt đầu lúc mấy giờ?
쩐 더우 봉 밧 더우 룩 머이 져

💬 기념품 가게는 어디에 있나요?
Cửa hàng bán đồ lưu niệm ở đâu ạ?
끄어 항 반 도 르우 니엠 어 더우 아

💬 출구는 어디에 있나요?
Lối ra ở đâu ạ?
로이 자 어 더우 아

Bài 7 사진 촬영을 허락 받을 때 Khi xin phép chụp ảnh

💬 여기에서 사진을 찍어도 되나요?
Tôi có thể chụp ảnh ở đây được không ạ?
또이 꼬 테 쭙 아인 어 데이 드억 콤 아 chụp ảnh 사진을 찍다

💬 플래시를 터뜨려도 되나요?
Tôi có thể chụp ảnh dùng đèn chiếu được không?
또이 꼬 테 쭙 아인 중 덴 찌에우 드억 콤

💬 여기에서 비디오 촬영을 해도 될까요?
Tôi có thể quay phim ở đây được không ạ?
또이 꼬 테 꾸아이 핌 어 데이 드억 콤 아   quay phim 촬영하다

💬 이 집을 사진 좀 찍어도 될까요?
Tôi có thể chụp ảnh nhà này được không ạ?
또이 꼬 테 쭙 아인 냐 나이 드억 콤 아

💬 저와 함께 사진 찍으시겠어요?
Anh [Chị] chụp ảnh với tôi được không ạ?
아인 [찌] 쭙 아인 버이 또이 드억 콤 아

Bài 8   사진 촬영을 부탁할 때 Khi nhờ chụp ảnh

💬 제 사진 좀 찍어 주시겠어요?
Anh [Chị] chụp ảnh giúp tôi được không?
아인 [찌] 쭙 아인 쭙 또이 드억 콤

💬 사진 한 장 찍어 줄래요?
Anh [Chị] chụp giúp tôi một tấm ảnh được không?
아인 [찌] 쭙 쭙 또이 못 떰 아인 드억 콤

💬 한 장 더 부탁해요!
Chụp thêm một lần nữa nhé!
쭙 템 못 런 느어 녜

💬 이 버튼을 눌러서 찍어 주세요!
Anh [Chị] bấm nút này để chụp nhé!
아인 [찌] 범 눗 나이 데 쭙 녜

💬 배경이 나오게 해 주세요!
Có phong cảnh đằng sau nữa nhé!
꼬 퐁 까잉 당 싸우 느어 녜

💬 세로로 찍어 주세요!
Chụp đứng nhé!
쭙 등 녜

💬 플래시는 터뜨리지 마세요!
Đừng dùng đèn nháy nhé!
등 중 덴 냐이 녜

> **Bài 9**   사진에 대해 말할 때 Khi nói về hình ảnh

💬 사진이 참 잘 나왔어.
Ảnh chụp đẹp thế.
아인 쭙 뎁 테

💬 넌 참 사진을 잘 찍는구나.
Bạn chụp ảnh đẹp nhỉ.
반 쭙 아인 뎁 니

무조건 따라하면 통하는
일상생활 영어 여행회화 365
이원준 저 | 128*188mm | 368쪽
14,000원(mp3 파일 무료 제공)

무조건 따라하면 통하는
일상생활 일본 여행회화 365
이원준 저 | 128*188mm | 368쪽
14,000원(mp3 파일 무료 제공)

무조건 따라하면 통하는
일상생활 중국 여행회화 365
이원준 저 | 128*188mm | 368쪽
14,000원(mp3 파일 무료 제공)

탁상용 1일 5분 영어 완전정복
이원준 엮음 | 140*128mm | 368쪽
14,000원(mp3 파일 무료 제공)

탁상용 1일 5분 일본어 완전정복
야마무라 지요 엮음 | 140*128mm | 368쪽 | 14,000원(mp3 파일 무료 제공)

탁상용 1일 5분 중국어 완전정복
최진권 엮음 | 140*128mm | 368쪽
14,000원(mp3 파일 무료 제공)

무조건 따라하면 통하는 영어 회화
바로바로 영어 독학 첫걸음
이민정 엮음 | 148*210mm | 420쪽
15,000원(mp3 CD 포함)

무조건 따라하면 통하는 일본어 회화
바로바로 일본어 독학 첫걸음
이민정 엮음 | 148*210mm | 420쪽
15,000원(본문 mp3 파일)

무조건 따라하면 통하는 중국어 회화
바로바로 중국어 독학 첫걸음
이원준 저 | 148*210mm | 368쪽
15,000원(mp3 파일 무료 제공)

가장 알기 쉽게 배우는 일상생활, 여행, 비즈니스 필수 단어 2500여 개 수록
바로바로 영어 독학 단어장
이민정, 장현애 저 | 128*188mm
324쪽 | 14,000원(mp3 파일 무료 제공)

가장 알기 쉽게 배우는 일상생활, 여행, 비즈니스 필수 단어 2500여 개 수록
바로바로 일본어 독학 단어장
서지위, 장현애 저 | 128*188mm
308쪽 | 14,000원(mp3 파일 무료 제공)

가장 알기 쉽게 배우는 일상생활, 여행, 비즈니스 필수 단어, HSK 대비 단어 2500여 개 수록
바로바로 중국어 독학 단어장
서지위, 장현애 저 | 128*188mm
324쪽 | 14,000원(mp3 파일 무료 제공)